① 2022年特色本科高校建设及高校教学质量与改革工程项目，设点：桂林旅游学院会展经济与管理专业
② 2020年广西哲学社会科学规划研究课题：广西传统村落文化与旅游产业发展耦合机制及实现路径研究（项目编号：20FJY023）

广西旅游节事活动发展现状及对策研究

陈扬扬　著

吉林大学出版社

·长春·

图书在版编目（CIP）数据

广西旅游节事活动发展现状及对策研究 / 陈扬扬著. —长春：吉林大学出版社，2023.1
ISBN 978-7-5768-1448-4

Ⅰ. ①广… Ⅱ. ①陈… Ⅲ. ①旅游业发展－研究－广西 Ⅳ. ①F592.767

中国版本图书馆CIP数据核字（2023）第024391号

书　　名：广西旅游节事活动发展现状及对策研究
GUANGXI LÜYOU JIESHI HUODONG FAZHAN XIANZHUANG JI DUICE YANJIU

作　　者：陈扬扬
策划编辑：邵宇彤
责任编辑：高珊珊
责任校对：周　鑫
装帧设计：优盛文化
出版发行：吉林大学出版社
社　　址：长春市人民大街4059号
邮政编码：130021
发行电话：0431-89580028/29/21
网　　址：http://www.jlup.com.cn
电子邮箱：jldxcbs@sina.com
印　　刷：三河市华晨印务有限公司
成品尺寸：170mm×240mm　　16开
印　　张：11.25
字　　数：200千字
版　　次：2023年1月第1版
印　　次：2023年1月第1次
书　　号：ISBN 978-7-5768-1448-4
定　　价：68.00元

版权所有　　翻印必究

内容简介

本书旨在研究广西旅游节事活动的发展，阐述了研究的背景与意义、国内外研究现状、研究的内容与方法；介绍了旅游节事活动的相关概念和理论基础；阐述了广西旅游节事活动发展情况，分析影响广西旅游节事活动发展的因素，并以此为依据，从六个方面提出广西旅游节事活动发展相应的对策；研究了广西旅游节事活动营销管理；对广西旅游节事活动的发展趋势与机遇进行分析，并提出对未来广西旅游活动发展的展望。

前　言

随着人们生活水平的不断提升，人们不再满足于基本的物质生活，对精神生活有更多要求，旅游产业因此不断发展。旅游节事活动借助旅游产业的蓬勃发展，可以全面展示区域旅游特色，不断丰富旅游产业内涵。广西有着丰富的旅游资源，其节事资源较为丰富，潜力巨大，具有一定的开发和研究的价值。本书致力对广西旅游节事活动的发展现状进行深入剖析，并根据研究成果，制定可行性的发展对策，以助力广西旅游节事活动可以在专业化、产业化、市场化、系统化的道路上可持续向前发展。

第一章为绪论，主要介绍旅游节事活动研究背景、国内外节事活动的研究情况以及本书的研究内容和方法，明确全书的研究思路，为本书下文具体相关研究做全面铺垫。

第二章为旅游节事活动相关概念界定和理论基础，解释本书在研究中所涉及的主要概念和关键词，阐释旅游营销理论、消费者行为理论、体验经济理论的具体内容。

第三章为广西旅游节事活动发展现状，介绍了节事活动对举办地产生的影响、广西旅游节事活动的发展概况和特点、广西主要旅游节事活动调查分析，对广西旅游节事活动发展现状以及发展的影响因素进行分析。

第四章为广西旅游节事活动发展对策，主要介绍了政府主导与市场化运作模式相结合、深挖文化内涵以突出主题特色、塑造精品品牌以提高举办地知名度、优化整合区域内节事资源并制定整体规划开发方案、注重节事活动的时间性以促进旅游节事活动可持续开展、旅游节事活动与地域旅游互动发展。

第五章为广西旅游节事活动营销管理研究，主要介绍了国内外旅游节事活动营销经验借鉴、旅游节事活动的现代营销观念、广西旅游节事活动的市场定位、广西旅游节事活动的产品及定价、广西旅游节事活动的分销及促销、广西旅游节事活动的市场化运作、广西旅游节事活动的营销战略。

第六章主要介绍广西旅游节事活动的发展趋势与机遇。为广西旅游节事活动未来的发展方向做出预判，根据广西旅游节事活动的发展趋势，发现其中蕴藏的机遇与挑战，提出一些可行性的建议。

本书内容丰富，结构严谨，层层递进，语言深入浅出，系统地介绍了广西旅游节事活动发展现状及对策研究，希望能对旅游节事活动的相关从业人士和研究者有一定的学习和参考价值。

目　录

第一章　绪论 / 1

    第一节　旅游节事活动研究背景与意义 / 1

    第二节　国内外节事活动研究现状 / 6

    第三节　研究内容与方法 / 10

第二章　旅游节事活动相关概念界定和理论基础 / 19

    第一节　旅游节事活动相关概念界定 / 19

    第二节　旅游节事活动理论基础 / 21

第三章　广西旅游节事活动发展现状 / 27

    第一节　广西旅游节事活动发展概况 / 27

    第二节　广西开展旅游节事活动的优势 / 31

    第三节　广西主要旅游节事活动调查分析 / 37

    第四节　广西旅游节事活动发展现状分析 / 48

    第五节　影响广西旅游节事活动发展的因素分析 / 53

第四章　广西旅游节事活动发展对策 / 74

    第一节　政府主导与市场化运作模式相结合 / 74

    第二节　深挖文化内涵以突出主题特色 / 77

    第三节　塑造精品品牌以提高举办地知名度 / 77

    第四节　优化整合区域内节事资源并制定整体规划开发方案 / 84

    第五节　注重节事活动的时间性以促进旅游节事活动可持续开展 / 96

    第六节　旅游节事活动与地域旅游互动发展 / 99

第五章　广西旅游节事活动营销管理研究　/　103

  第一节　国内外旅游节事活动营销经验借鉴　/　103
  第二节　旅游节事活动的现代营销观念　/　110
  第三节　广西旅游节事活动的市场定位　/　114
  第四节　广西旅游节事活动的产品及定价　/　120
  第五节　广西旅游节事活动的分销及促销　/　138
  第六节　广西旅游节事活动的市场化运作　/　147
  第七节　广西旅游节事活动的营销战略　/　151

第六章　广西旅游节事活动的发展趋势与机遇　/　156

  第一节　广西旅游节事活动的发展趋势　/　156
  第二节　广西旅游节事活动的发展机遇　/　163

参考文献　/　166

第一章 绪论

节事活动对开展地方旅游的意义不仅在于能满足节事旅游者的需求，推动当地旅游业发展，更会带动整个地方经济的发展。对广西旅游节事活动发展现状及对策进行研究，需要先明确这一研究的背景与意义、国内外针对相关方面的研究进展，以及所研究的内容与方法。

第一节 旅游节事活动研究背景与意义

一、旅游节事活动研究背景

随着旅游业的发展，交通出行越来越便利，互联网以及 5G 技术的广泛应用，使人们获取信息的方式更加多元化，视野也更加开阔，中国本土文化与外来文化之间的交流与碰撞愈加明显，少数民族地区的人们在接触外来文化后，对其流行与时尚的元素产生了兴趣，为本土文化注入更多新鲜血液。

随着旅游经济的发展，各个地区的人们对旅游的需求不断提高，人们也不再满足于纯粹的自然风光、古代建筑、娱乐性节目等，体验式旅游，尤其是文化旅游体验和旅游节事体验已经成为一种新的时尚，大众对这种兴致的追求越来越强烈。游客在文化体验旅游和节事体验旅游中，热衷于民族文化特色和节事活动特色，从中可以体验到民族文化的历史性、奇特性、神秘性，通过体验旅游，人们可以获得一种身体上的放松和精神上的愉悦。因此，在文化旅游的开发中，特别是民族文化旅游的开发中，节事活动不仅成为国外，也是国内各地旅游目的地争相推崇的旅游项目之一。

1983 年，河南洛阳举办的牡丹花会是现代中国最早的旅游节事活动之一。而后，1984 年，山东省在开展本地民俗活动的基础上，创办了潍坊国际风筝节。1985年,黑龙江省举办的哈尔滨冰灯节,成为中国节事活动发展史上具有标志性的一页。我国节事活动经过三十多年的发展,逐渐壮大和成熟,这不仅给节事活动举办地带来了较大的经济收益,也促进了当地历史、文化、社会等各个方面的发展。民族节事活动是地方民族文化的集中呈现,由于这种民族文化通过节事活动可以给当地带来实实在在的经济效益,各地政府也加大了对节事活动的开发和宣传的力度。当地居民因为本民族或本地区节事活动的举办,也对其民族文化以及当地的地域特色产生了更深的文化认同与文化自豪。

而近几年,国家政策的大力支持、市场的巨大需求、旅游节事活动成为旅游业重要的发展方式三个方面的因素,进一步促进了旅游节事活动的快速发展。

(一)政策的大力支持

2015年,国务院办公厅印发《关于促进旅游业改革发展的若干意见》,就节庆、会展及体育等节事旅游提出了指导性意见。该文件中指出,要积极发展休闲度假旅游,对文化旅游产品进行持续性创新,规范整合会展活动,发挥具有地方和民族特色的传统节庆品牌效应,同时积极推动体育旅游,加强竞赛表演、健身休闲与旅游活动的整合发展,支持和引导有条件的体育运动场所面向游客开展体育旅游服务活动。

2016年12月7日,国务院印发《"十三五"旅游业发展规划》(以下简称《规划》)。《规划》提出"促进旅游与文化融合发展,培育以文物保护单位、博物馆、非物质文化遗产保护利用设施和实践活动为支撑的体验旅游、研学旅行和传统村落休闲旅游"。

2018年3月,文化部(今文化和旅游部)和所属国家旅游局进行联合重组,为成立文化和旅游部提供了有力的组织机构管理保障。2018年起,在国家政策与资本市场双重大力推动下,传统文化产业与旅游遗产融合一体发展、提档改造升级得到了中央政府与社会各界的广泛关注。文旅融合发展已成为当前乃至今后旅游行业的主要发展方向。文化与旅游的融合释放出了更大的产业发展的新动能,节庆活动和旅游表演等形式成为文旅合并的一种有效尝试。

2018年12月,时任文化和旅游部部长雒树刚在"2018旅游集团发展论坛"上,针对新发展阶段如何促进文化与旅游融合相关事宜发表了讲话,同时对"文化和旅游融合发展"的概念进行了详细阐释。讲话中指出,文化和旅游部自组建以来,加快了文化和旅游融合发展的速度,明确了"宜融则融，能融尽融。以文促旅，以旅彰文"的工作思路，对外工作、扩大供给、市场秩序管理应当在融合发展的主题下，推进旅游行业的规范建设和创新发展。我国政府在文旅融合发展的道路上，也取得了一些积极的成果，文旅融合发展的路径也逐渐清晰。可以说，此次论坛关于文旅融合发展的讲话为旅游业创新发展指明了发展方向，这也为我国今后文化和旅游业的发展提供了可遵循的依据。

2019年，国务院办公厅发布《关于进一步激发文化和旅游消费潜力的意见》（以下简称《意见》），提出了丰富旅游产品的供给，着力发展会展旅游、体育旅游和节庆旅游的指导性意见。《意见》同时要求促进行业融合发展。2022年建成30个全国文化产业与旅游行业融合开发示范区，进一步着力提升我国文化产业的区域融合发展水平，不断扩大新型文化与旅游消费产业。国家政策的积极引导，为各地文旅融合开发事业提供了有力保障。在此基础上，诸如文旅新区、文旅小镇、文旅产业园区、综合性旅游景点、文旅度假区等各种不同的新型业态开始逐步走进大众视野。

由此可以看出，国家高度重视节事旅游等旅游业的发展。文化旅游产品要不断创新，在各地区丰富的旅游资源基础上，通过创新意识引领旅游节事活动的长远发展。《意见》中提到构建传统节庆品牌，以旅游节事活动的品牌带动整体旅游产业上下游的协调发展，以品牌的影响力提升旅游活动产品的持久收益。此外，还要将各种形式的旅游活动进行整合，进而让各种旅游特色服务具有更完善的呈现样态。

2019年，广西出台了《关于文化旅游产业高质量发展的意见》（以下简称《意见》），提出了广西文化旅游产业高质量发展的指导思想、基本原则、主要目标和任务。其中，《意见》在培育文化旅游产业新业态的任务中指出，推动文化旅游与教育、体育等产业进行融合发展；依托当地红色旅游资源、遗产资源、人文资源等，开发研学旅游产品，建设研学旅游目的地；培育国际性体育旅游精品赛事，打造一批体育旅游综合体、体育旅游示范基地和体育旅游线路等，促进国家体育旅游示范区等国家级品牌创建工作的顺利实施。同时在文化旅游特色品牌打造工程的任务中，《意见》提出要充分挖掘各地区资源以及特色优势，打造出各具特色的节庆品牌，以有效地提升广西文化旅游产品的吸引力、影响力与市场竞争力等。旅游节事品牌建设是一个长期影响地区旅游事业发展和经济增长的关键，创建品牌有利于促进地区旅游节事活动进行有效整合，将各方资源充分地加以利用，为地方旅游节事活动相关的产业创造超额利润，有利于地区旅游业的长期向好发展。《意见》鼓励文化旅游产业与其他产业进行广泛融合,以节事旅游与体育旅游为重心,借助本地区旅游节事活动和体育旅游赛事所带来的流量与关注度,刺激当地旅游产业的整合与发展。

(二)市场的巨大需求

随着我国社会经济的飞速发展、人们生活水平的不断提高,人们对于休闲娱乐以及旅游产品的需求量在逐年增加。根据2019年中国旅游业统计公报显示,2019年全年国内旅游市场与出境旅游市场都实现了稳步增长,入境旅游市场的基础更加稳固。全年国内旅游人数达到60.06亿人次,国内旅游收入为57251.00亿元,入境旅游人数达到1.45亿人次,入境旅游收入为1313.00亿美元,出境旅游人数达到1.55亿人次。全年实现旅游总收入6.63万亿元,同比增长11.1%。

节事旅游产业作为新兴的旅游业态,拥有着更为广阔的发展前景,特别是在国内良好的旅游发展形势下,广西旅游节事活动的发展拥有更多的机会。在旅游发展中,广西依托自身独特的地方旅游资源,如丰富的少数民族旅游资源、异彩纷呈的现代节庆活动、承办世界级或国家级大型体育赛事、承办各种展览会和博览会等。广西可以依据自身独特的文化及旅游资源的优势,引进与本地区发展相关的赛事和活动,考虑赛事和活动与本地区旅游产业的长远发展是否互相协调、互为补充。

(三)旅游节事活动成为旅游业重要的发展方式

"节事"是一个外来的组合概念,一般是节庆和特殊事件的统称。通常把文化庆祝、艺术娱乐、教育科学事件、体育比赛、私营事件、社会活动等一切都归结在节事的范围内。[1]

文旅节事是以文化主题为吸引物的节事活动,此类活动能够扩大举办地知名度、助力当地经济社会的进步与发展。文旅节事通常内容丰富,不仅涵盖一般意义上的节庆活动,还包括政治、文艺娱乐、休闲、商贸会展和体育赛事等多样主题。许多国家的文化旅游节事依托本地传统文化,在原有宗教仪式、传统节日基础上逐渐发展,慢慢地演化成形式多样、内容丰富多彩的活动。因此,在一些历史遗存和传统文化保存较为完整的国家和地区,其节

---

[1] 余青,吴必虎,廉华,等.中国节事活动开发与管理研究综述[J].人文地理,2005(6):56.

事活动仍保持着鲜明的民族特色。

在文旅融合过程中，传统节事活动和节庆资源的优势得到更大重视。文化和旅游部把文化节庆列为文化产业的八大业态之一，而节庆节事对旅游的推广营销起到举足轻重的作用。

传统节事活动和节庆资源需进行深入创新和创意设计才能够形成具有一定商业价值的节事产业。通过产业化尤其是旅游产业化的方式，对传统的活动与资源进行创新整合与开发利用，深入挖掘节事活动的潜在价值，以最大限度地实现节事资源的经济价值。通过扩大节事客源来促进旅游客源数量的增长，通过拉动休闲客源的消费来提高节事活动的收益率，通过节事活动与节庆资源的相互促进与带动，最终实现产业经济的最大化。因此，基于以上分析，节庆活动特别是旅游节事活动，对我国的旅游业发展有很大的促进作用。

针对旅游节事活动的发展背景，本书在前人研究的基础上，结合广西旅游节事活动多年来的举办实践和经验，研究广西旅游节事活动如今的发展情况以及发展对策，从理论与实际两个方面，对广西旅游节事活动发展情况进行深入的分析与探讨，找出影响广西旅游节事活动发展的因素，提出相应的发展对策，并对广西旅游节事活动营销管理进行详细阐述。

二、旅游节事活动研究意义

随着国家经济发展水平的不断提高，人们的生活质量也在稳步提升，人们不只满足于物质生活的简单需求，对于精神文化生活的需求也在逐渐增加。大众休闲旅游在这种情况下快速发展壮大，全域文化旅游也在逐渐发展，旅游休闲行业在国民经济中的占比不断加大。文化休闲旅游成为我国新经济时代社会经济发展的重要推动力量。国内越来越多的省、市明确提出将文化休闲旅游作为本地区主要的战略发展支柱产业，产业的快速转型与升级改造进入新的发展阶段。

此次对广西旅游节事活动的发展情况和对策进行研究，旨在我国旅游节事活动现有的发展基础上，深入分析和探讨广西旅游节事活动在发展过程中表现出的有待改善之处，为广西旅游节事活动下一步的发展提供应对策略和方案，以使广西旅游节事活动在现有的经济条件和科技发展水平上，充分借助有利的政策、资源、技术和人才，真正走上一条高质量发展的道路。

近些年，国内外各种突发状况的不断出现，为原本发展势头良好的旅游产业蒙上一层阴影，也对广西旅游节事活动的发展产生了一定的影响。在这种情况下，如何保证广西旅游节事活动可以健康稳定地发展成为政府、旅游节事活动举办地以及相关企业最为关心的问题。因此，在发展遇到瓶颈时，广西解决好自身旅游节事活动的发展事宜，可以有效地引领广西旅游产业的继续增长。由于广西旅游业是广西地区经济增长的重要组成部分，因此广西旅游业的健康良性发展可以有效提振经济发展，经济对一个地区其他行业和领域有着广泛的影响和带动作用。

第二节　国内外节事活动研究现状

一、国外节事活动研究现状

在人类漫长的生存发展过程中，不同国家、地区、民族的人们逐渐形成了形式各异且丰富多彩的节日风俗。这些节日风俗也反映出各个地区和民族生生不息的发展过程。节事活动即源于人类的这些节日风俗。节日风俗之所以形成，主要是根据人们生产生活所需，经历不自觉到自觉、不定型到定型，逐渐发展演化而来的，其活动的形式和内容包含生产、庆祝、祈求、表彰等多个方面。

19世纪40年代后，旅游逐渐被人们所熟知，这一社会现象在世界范围内逐渐兴起，同时成为人们日常生活重要的组成部分。20世纪60年代后，世界旅游业步入高速发展阶段，并且成为许多国家主要的经济来源，甚至是支柱产业。在这一时期，节事活动受到越来越多人的追捧，每个国家都有丰富多彩的、独特的节事活动，这些节事活动也成为当地吸引游客的最大特色。

如今，世界上各个国家都十分重视节事活动的发展，很多国家的大城市都在积极争取大型活动或赛事的举办权，如奥运会、世界杯足球赛、世界博览会等。就目前节事活动的发展来看，国际节事活动的发展呈现出一些共同的特点：一是政府重视节事活动的推广，并以此来发展旅游产业；二是节事活动管理正在步入专业化发展的道路；三是赞助商和志愿者在节事活动的举办和发展中发挥了越来越重要的作用。

人们对旅游节事的国际化有一种复杂的感情，一方面，人们希望本土文化通过国际化的方式进行更广泛的宣传与推广；另一方面，人们又不希望受到其他强势文化的影响，使本国传统文化受到严重冲击，以致本土传统文化在国内的地位被削弱。因此，人们对本国文化进行宣传以及扩大本国文化影响力，与传统文化受国外文化的影响之间，存在一种对立而统一的矛盾关系。如何看待旅游节事国际化以及本土化的关系，以及如何推动本国旅游节事的国际化发展是一个值得探讨的话题。

在世界经济全球化发展的大背景下，旅游节事国际化发展的大趋势也不可阻挡，人们只有持更加开放和包容的态度来迎接旅游节事的国际化，并让其与本土化相协调。美国匹兹堡大学社会学教授罗兰·罗伯逊提出了"全球地域化"（glocalization）的概念，全面并动态地解释了国际化与本土化之间的关系。他认为"全球地域化"既是普遍化，也是特殊化，是"普遍性的特殊化"（universalism of particularization）与"特殊性的普遍化"（particularism of universalization）的双重过程。[①] 前者被界定为"普遍性问题的全球具体化"，其意是指全球同质性、趋于同一理念的行动在世界各地普及，例如，奥运会、世界杯足球赛、马拉松比赛等一些国际性的大型比赛在全世界范围内进行推广和普及；后者被界定为"特殊性问题的全球普遍化"，意指异质性、区域性、特殊性等演化为全球共识及其可能性，如我国的传统节日——春节，受到其他国家和地区人民的喜爱。

"全球地域化"概念中既包含"普遍性特殊化"的包容与接纳，也有"特殊性普遍化"的设想与期待，这二者之间不存在矛盾对立的问题，而是相互补充、相互丰富和完善的一个过程。由此也可以看出，国际化与本土化并不是对立的关系，二者之间可以相互促进、相互激发。

具体到旅游节事活动来说，随着信息技术的不断发展，人们获得信息的方式和渠道不断得到更新，人们可以更加便捷地获得想要了解的信息。国外的一些节日在国内也产生了一定程度的影响，如圣诞节、情人节、万圣节等，在这些节日中，人们会以特有的方式来度过。这些外来的节日，在传到国内时，也在一定程度上受到本土文化的影响，国内百姓根据传统风俗习惯的影响，对外来的节事活动进行某些方面的改良，以更好地适应本土化发展。

在这一过程中，我们可以看到，人们根据本民族的文化价值观，对外来节事活动进行本土化改良，是"普遍性特殊化"的过程。对外来节事进行改良的过程，可以融入更多本土化的内涵与价值，可以在原有节事的基础上加上本民族特有的民族精神。这一改良过程，实际上也是对本民族文化的一种宣传与推广的绝佳实践过程。

---

① ROBERTSON R. Globalization: social theory and global culture [M]. London: SAGE, 1992:97-103.

人们对于"特殊性的普遍化"寄予更多期望,都希望本土旅游节事可以得到国际旅游者的认可与接受。本土的旅游节事活动想要从诸多旅游节事活动中脱颖而出,同时还要持续发挥自身旅游文化的独特性,这要求旅游节事要有深厚的文化内涵。加拿大著名节事研究专家唐纳德·盖茨教授之前指出,一个成功的、与地方相互协调的标志性节事应当表现出目的多元化,具有节日精神、独特性、真实性、适应性、确切性、主题鲜明性等。[1]其中的"目的多元化"意指节事活动要有多样性的目标;"节日精神"意指浓厚的节日氛围;"真实性"意指以本土文化为基础;"适应性"意指根据市场需求的不断变化而做出相应的调整;"确切性"意指目的地节事活动的主题及其相关资源要具有一定的鲜明特征,旅游者可以充分对其进行感知。以上所列举节事活动的特征可以归纳为三点:节事资源的成长性、节事资源的地域性、节事资源的适应性,节事资源的成长性可以理解为独特性或丰富性,节事资源的地域性可以理解为真实性和本土性。

不难看出,唐纳德·盖茨对节事活动的阐述全面、系统而贴切,这种对节事活动的阐释可以让对节事活动了解不多的人,直观而非浅显地就可以立即对节事活动有所了解。再换一个角度来看唐纳德·盖茨的阐释,可以发现他分别从静态和动态两个方面充分阐释了节事活动,节事活动的地域性可以理解为静态特性,而成长性和适应性是节事活动的动态特性,并且成长性与适应性相伴而生。在成长过程中,节事活动自身需要不断适应不同的环境变化,而节事活动在不断适应中获得了最终成长,与此同时,成长性与适应性两个特性都基于节事活动的地域性,从地域性中生长出来,一切生长与适应的动力均源于自身具有的独特地域性。

节事是旅游发展的一个重要动力,同时,节事活动也是旅游目的地营销的一个重要手段和方式,节事活动可以在很大程度上提高旅游目的地的竞争力。节事或旅游节事在旅游业及其研究领域中出现只是最近几十年的事情,自从节事旅游出现以来,相关专业的学者对节事旅游的研究逐渐增多。随着旅游逐渐成为人们生活中一个不可或缺的部分,西方各国诸如休闲、体育、会展、节日在内的各节事活动蓬勃发展,节事旅游成为一个新行业,学术界对各种类型节事活动的研究逐渐增多。西方对旅游节事的研究形成了一股热潮,与此相关的文献数量繁多,而所涉及的领域十分广泛,在旅游研究的领

---

[1] GETZ D. Event management & event tourism [M]. New York: Cognizant Communication Corporation, 1997: 5.

域中，这种现象较为罕见。尽管现在已经有诸多研究成果问世，但旅游节事研究相对其他学术研究领域来说，仍然是一个年轻的学术领域。

二、国内节事活动研究现状

节事活动在我国的发展历史源远流长，从远古时期对天地、神灵、祖宗的祭祀仪式，发展到20世纪70年代末的民族节事活动，中间经历了漫长的从萌芽期到成型期的历史发展过程。改革开放之后，我国包括旅游业在内的各个方面，都进入一个全新的历史发展时期。从改革开放到20世纪90年代，旅游业发展蓬勃向上。

1991年后，国家开始重视国内旅游资源的开发和利用。当时，国家旅游局借鉴国际上举办大型主题活动的成功经验，举办了系列旅游活动，在全国各地相继推出的旅游活动和产品中，增加了丰富多彩的文化节事活动，这一系列节事活动的开展在很大程度上展示了我国作为世界文明古国的底蕴和魅力。一些节事活动也逐渐在国际上产生了一定的影响力，如广州的春节花市、洛阳的牡丹花会、大连的国际服装节、内蒙古的那达慕大会、青岛的啤酒节、潍坊的国际风筝节、哈尔滨的冰雪节、贵州的蜡染艺术节、大理的三月节、路南石林的火把节、云南西双版纳的泼水节等。这些节事活动对促进当地经济和旅游产业发展、吸引国内外游客起到了不可替代的作用，人们也从这些节事活动的举办中加深了对节事活动的认识，并从节事活动中受益匪浅。因此，我国进入一个有计划、系统性地主动开发节事活动的新的发展阶段，节事活动也从民间自发组织到政府有意识推广顺利过渡。我国在成功举办昆明世界园艺博览会后，又成功举办了2008年奥运会、2010年上海世界博览会、2022年北京冬奥会等重大赛事，以及诸多世界大型旅游、体育、文化、科技、经济等节事活动，并取得了成功。我国节事活动不管在数量和规模上，还是在质量和内容上，都获得了长足发展。

从2002年起，与节事旅游有关的文献数量逐年增加。在国内，随着国内各种旅游节事活动在实践中不断发展，关于旅游节事的研究也相应地迅速增多。20世纪80年代，伴随着国内一大批新型旅游节事活动的举办，这些节事活动以旅游为内容，或以促进旅游发展为最终目的，在全国掀起了一场"旅游搭台、经贸唱戏"的热潮。在这一时期，比较典型的节事活动有青岛的啤酒节、北京的国际旅游文化节、上海的影视节、大连的服装节。到20世纪90年代初期，旅游节事活动在国内进一步发展，国内几乎每个省市，甚至包括省市所属的地区和县区都分别推出了本地区的旅游节事活动。进入 21 世纪后，旅游节事活动所涉及的主题更加宽泛，也进行了市场化运作，旅游节事活动对目的地营销和地方品牌化经营方面做出的贡献受到更多的重视。① 随着 2008 年北京奥运会和 2022 年北京冬奥会的成功举办，北京成为全球首个"双奥之城"。2021 年，上海举办的第四届中国国际进口博览会，这一博览会是世界上第一个以进口为主题的国家级展会，这一国家级的展会不仅为上海的旅游及与旅游相关的产业提供了一定的发展机遇，也带动了上海其他相关产业的发展。

国内有关学者分析了西方节事以及旅游节事相关的文献，认为节事的影响、节事的市场营销、节事产品、激励和吸引节事、节事的生产或运作、社区关系、主客关系、节事的消费等受到越来越多的关注。

国内的旅游节事研究更多地关注基础理论、影响效应以及策划和运作三个方面。其中的理论基础是其他两个方面的基础，策划和运作是操作层面上的研究。由于我国在旅游节事方面的相关研究还处于起步阶段，相应的理论指导与研究规范略显不足，大部分研究由各种旅游节事活动的实践推动，现阶段的研究只能作初等研究，如对旅游节事活动相关概念的界定或是探讨其作用、发展情况、发展策略以及对区域经济的影响等。虽然在这样的研究背景下，国内这一领域的学者还是达成了一些研究上的共识：强调目的地的区域特色是旅游节事活动开发的前提条件；区域特色是旅游节事开发的必要条件，其可以通过旅游节事活动的方式进行系统性的规划、开发以及营销，最终成为旅游节事活动的最大亮点；旅游业可以通过节事活动的形式，产生文化、社会、经济效益，而这些是旅游节事活动开发的主要目的。

第三节　研究内容与方法

一、研究内容

本书主要研究内容为广西旅游节事活动的发展现状以及针对现状制订出相应的发展策略。另外，还要探索国内外对旅游节事活动的研究成果，以及与之相关的理论如何可以应用到具体的实践中。

---

① 马聪玲.事件旅游：研究进展与中国实践[J].桂林旅游高等专科学校学报，2005（1）：75-79.

通过广西旅游节事活动的发展情况，分析节事活动对举办地产生哪些影响，从广西诸多旅游节事活动中选取主要的节事活动进行分析，分析影响广西旅游节事活动发展的因素。基于以上内容分析，进一步研究广西旅游节事活动发展的相应对策，主要介绍了政府主导与市场化运作模式相结合、深挖文化内涵以突出主题特色、塑造精品品牌以提高举办地知名度、优化整合区域内节事资源并制订整体规划开发方案、注重节事活动的时间性以促进旅游节事可持续开展、旅游节事与地域旅游互动发展。另外，研究广西旅游节事活动营销管理，介绍了国内外旅游节事活动营销经验借鉴、旅游节事活动的现代营销观念、广西旅游节事活动的市场定位、广西旅游节事活动的产品及定价、广西旅游节事活动的分销及促销、广西旅游节事活动的市场化运作、广西旅游节事活动的营销战略。最后研究了广西旅游节事活动的发展趋势、发展机遇以及发展中遇到的挑战。为广西旅游节事活动未来的发展方向做出预判，根据广西旅游节事活动的发展趋势，发现其中蕴藏的机遇与挑战，提出一些可行性的建议。

二、研究方法

国外很多学者将诸如现象学、解释学、人类学以及经验采样等方法引入旅游节事活动的研究中。本书所使用的研究方法如图 1-1 所示。

图 1-1 研究方法示意图

（一）文献研究法

文献研究法主要指搜集、鉴别、整理文献，并通过对文献的研究形成对事实的科学认识的方法，它是一种古老而又富有生命力的科学研究方法。文献研究法根据一定的研究目的或课题，通过调查文献来获得资料，从而全面、正确地了解并掌握所要研究的问题。文献研究法被广泛用于各种学科研究中。其作用有：能了解有关问题的历史和现状，帮助确定研究课题；能形成关于研究对象的一般印象，有助于观察和访问；能得到现实资料的比较资料；有助于了解事物的全貌。

通过收集查阅文献获得研究所需的资料和数据，能够了解广西旅游节事活动的发展情况。

1. 一般过程

文献法的一般过程包括五个基本环节，具体如下：提出课题或假设、研究设计、搜集文献、整理文献和进行文献综述。文献研究法的提出课题或假设是指依据现有的理论、事实和需要，对有关文献进行分析整理或重新归类研究的构思。研究设计首先要确定研究目标，研究目标是指使用可操作的定义方式，将课题或假设的内容设计成具体的、可以操作的、可以重复的文献研究活动，它能解决专门的问题且具有一定的意义。

2. 主要优点

文献研究法的主要优点如图 1-2 所示。

```
                  ┌─────────────────────────────────┐
                  │ 超越时间和空间的限制              │
                  └─────────────────────────────────┘

                  ┌─────────────────────────────────┐
                  │ 文献研究法主要是书面调查，比口头  │
                  │ 调查更准确、更可靠                │
                  └─────────────────────────────────┘

文献研究法         ┌─────────────────────────────────┐
主要优点           │ 文献研究法是一种间接的、非介入性 │
                  │ 调查                              │
                  └─────────────────────────────────┘

                  ┌─────────────────────────────────┐
                  │ 文献研究法是一种非常方便、自由、  │
                  │ 安全的调查方法                    │
                  └─────────────────────────────────┘

                  ┌─────────────────────────────────┐
                  │ 文献研究法省时、省钱、高效        │
                  └─────────────────────────────────┘
```

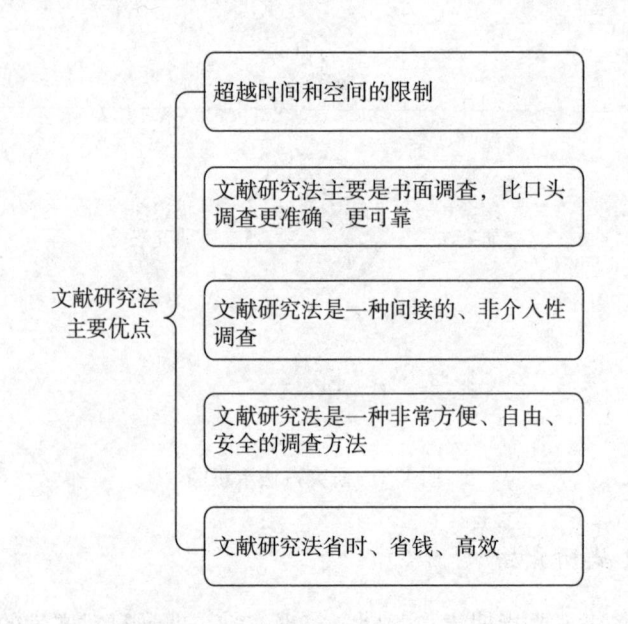

图 1-2　文献研究法主要优点示意图

（1）文献研究法超越了时间、空间限制，通过对古今中外文献进行调查，可以研究其广泛的社会情况。这一优点是其他调查方法不可能有的。

（2）文献研究法主要是书面调查，如果搜集的文献是真实的，那么它就能够获得比口头调查更准确、更可靠的信息。避免了口头调查可能出现的种种记录误差。

（3）文献研究法是一种间接的、非介入性调查。它只对各种文献进行调查和研究，而不与被调查者接触，不介入被调查者的任何反应。这就避免了直接调查中经常发生的调查者与被调查者互动过程中可能产生的种种反应性误差。

（4）文献研究法是一种非常方便、自由、安全的调查方法。文献调查受外界制约较少，只要找到了必要文献就可以随时随地进行研究；即使出现了错误，还可通过再次研究进行弥补，因而其安全系数较高。

（5）文献研究法省时、省钱、效率高。文献调查是在前人和他人劳动成果基础上进行的调查，是获取知识的捷径。它不需要大量研究人员，不需要特殊设备，可以用比较少的人力、经费和时间，获得比其他调查方法更多的信息。因而，它是一种高效率的调查方法。

3. 搜集渠道

搜集研究文献的渠道多种多样，文献的类别不同，其所需的搜集渠道也不尽相同。搜集教育科学研究文献的主要渠道有：图书馆、档案馆、博物馆、社会、科学及教育事业单位或机构、学术会议、个人交往和计算机互联网。

4. 搜集方式

搜集研究文献的方式主要有两种：检索工具查找方式和参考文献查找方式。

检索工具查找方式指利用现成（或已有）的检索工具查找文献资料。现成的工具可以分为手工检索工具和计算机检索工具两种。

参考文献查找方式又称追溯查找方式，即根据作者文章和书后所列的参考文献目录去追踪查找有关文献。

积累文献是另外一种搜集文献的工作形式。每一个研究课题都需要汇集、积累一定的文献资料，而每一个课题的研究过程同时是一个新文献资料的积累过程。

首先，文献积累内容应努力做到充实和丰富。其次，积累文献应该有明确的指向性。即与研究目标或课题假设有关。最后，积累文献应该全面。所谓全面，要求研究者不仅搜集课题所涉及的各方面文献，还应注意搜集由不同人或从不同角度对问题的同一方面做出记载、描述或评价的文献。不仅搜集相同观点的文献，还应搜集不同观点甚至相反观点的文献。尤其需要防止研究者受自己已有观点的影响，不要轻易否定或不自觉地忽视与自己观点相左的材料。

5. 积累文献过程

一般情况下，积累文献可先从那些就近的、容易找到的材料着手，再根据研究的需要，陆续寻找那些分散在各处、不易得到的资料。积累文献是一个较为漫长的过程，为了使整个过程进行得更有效，可以根据实际情况分为若干阶段进行整理。每一阶段，把手头积累到的文献做一些初步整理，分门别类，以提高下一阶段搜集文献的指向性和效率。此外，还可以使用现代教育情报系统的检索方法，在具有相应条件的环境中快速查找、获取所需要的文献资料。积累文献，不只是在有了具体的研究任务以后，才需要做，更重要的是在平时经常注意积累和搜集各种文献资料，养成习惯，持之以恒。

6. 积累文献方式

积累文献的方式多样，可以通过做卡片、写读书摘要、做笔记等方式，有重点地采集文献中与自己研究课题相关的部分。

常用的卡片有目录卡、内容提要卡、文摘卡三种形式。写读书摘记与读书笔记既是积累文献的方法，又在某种意义上是制作文献的方法。因为在读书摘记和笔记中渗透了更多制作者的思维活动，它有时是第二手文献的构成部分，有时又是新的第一手文献的创造过程。

读书摘记以摘记文献资料的主要观点为任务。因不受篇幅限制，它比卡片式的内容提要详细得多。研究者在读到一些较有价值的文献，或者读到一些在主要观点和总体结构上很有启发性的资料时，就可采用读书摘记的方式，把其主要观点和结构的框架摘记下来。总的说来，摘记的重点在"摘记"，不在于"评价"。与摘记不同，读书笔记的重点在"评"。评论的方式有总评、分章节评和重点选评。写得好的读书笔记，即能提出新思想和新观点的读书笔记，本身就是一种科研成果。

（二）跨学科研究法

运用多学科的理论、方法和成果从整体上对某一课题进行综合研究的方法，也称"交叉研究法"。科学发展运动的规律表明，科学在高度分化中又高度综合，形成一个统一的整体。据有关专家统计，世界上有 2000 多种学科，而学科分化的趋势还在加剧，但各学科间的联系愈来愈紧密，在语言、方法和某些概念方面，有日益统一化的趋势。

唯物辩证法认为物质世界是普遍联系和永恒发展的，这是具有普遍指导意义的世界观和方法论。联系的观点是唯物辩证法的一个基本原则、一个基本观点。事物联系的普遍性，要求我们认识任何事物都必须坚持联系的观点，反对行而上学的孤立观点。正如列宁所说："真理只是在它们的总和中，以及在它们的关系中才会实现。"可见，只有坚持用普遍联系的观点观察问题，才能达到对事物真理性的认识，否则就会陷入片面性。提倡跨学科研究，就是在学科研究方面促进人们贯彻与实施唯物辩证法关于普遍联系观点的重要实践，是推动人们在科学研究领域更加逼近真理的正确方向。为此，必须突破现有以学科划界的研究模式，走向更加符合客观物质世界规律"普遍联系"的研究模式。这是科学技术界的一场革命，由此必将会引发我国"新经济"（"跨学科经济"）的出现。

跨学科领域简称跨学科，又称交叉学科、多学科、综合学科或复杂性学科，都是同一内容的不同称谓。

20 世纪 80 年代初，科学家钱学森从系统科学理论提出科学理论、经验知识和专家判断力相结合的半理论、半经济方法来处理复杂性问题。

跨学科研究根据视角的不同可概要地分为方法交叉、理论借鉴、问题拉动、文化交融四个大的层次。

其中，方法交叉有方法比较、移植、辐射、聚合等，这些通常发生在各学科之间，其中每一方面和环节都包含着非常丰富细致的内容。

理论借鉴主要指知识层次的互动，通常表现为新兴学科向已经成熟学科的靠近，或成熟学科向新兴学科的渗透与扩张。

问题拉动是以较大的问题为中心所展开的多元综合过程，有纯粹为研究客观现象而实现的多领域综合，也有探讨重大理论问题而实现的多学科综合，更有为解决重大现实疑难问题而实现的各个方面的综合。关于这个问题，英国科学家齐曼在《元科学导论》中曾经提出科学研究的三个主要维度，即知识或科学哲学维度、共同体或社会维度、个人或心理学维度。齐曼认为，科学是一项复杂活动，它同时存在于这三个维度之上，三个维度间的不同作用展现了科学活动的复杂景观。

文化交融是不同学科所依托的文化背景之间的相互渗透与融合，这种融合并不是一个单独的过程，因为学科间的任何互动都有文化的因素参与，但真正的文化交融又是一个更深更广的过程，是跨学科研究的终极目标。当代跨学科反思真正要挖掘的，正是这后一种情况。

显然，要自如地进入跨学科研究并非易事。除了具备传统科学研究所要求的较高专业科学素质外，还要有跨学科研究的严格训练，培育跨学科的意识、视野、情怀和必要的学术规范等。由于科学研究已经进入跨学科行动这样一种大科学时代，因此当务之急要有对跨学科研究的恰当理解和正确态度。在科学共同体内部，跨学科研究遇到的阻力主要是深度共识的匮乏。为此，必须加大科学内部跨学科的清理和宣传，通过推动有效方法的移植，包括对对象的转移、理论或原理的推广、基本理念渗透所形成的方法论融合，形成跨学科研究的基本操作规程；通过推进对复杂问题、复杂适应系统和复杂性科学的广泛研究，推动跨学科基础研究的建设；通过对传统研究模式的超越和技术提升，实现科学研究跨层次性、可移植性和高综合性的系统整合，将天才的想象与扎实的论证及现实的组合有机统一起来；通过将有效性规则在领域扩张、科学基本素质兼容方面的试验，将条件性原则在根据和边界上的应用，将多样性原则在多层次化、系统化、具体化等方面的贯彻，实现对跨学科研究的内在结构和社会外化的整合。

在科学共同体外部，跨学科研究遇到的直接阻力是科研体制的僵化和被学科割据所垄断的流行教育。实际上，人们常说要用素质教育取代应试教育，而素质教育的科学基础之一就是跨学科研究。由于跨学科研究的需要，当代科学教育在基本知识和技能上，要使受教育者在科学研究中知道选择哪些后继的标准对现存和备选事物做出评估，知道怎样选择研究工具，怎样理解与把握科学研究的可行性，怎样获取结论和把握系统的隐含性知识以及理论和实践、系统与政策之间的多样性联系，甚至清晰地知道自己的价值观，进而改进外在工具和环境，等等。为此，必须坚决改革现有教育的某些弊端，打破专业、课程和行政上的条块限制，杜绝教育中不适当的过早分科，通过广泛的通识教育和综合训练等减少不合理教育给青少年知识与智能特别是心理和观念方面所带来的不良影响。

中华文化博大精深，不仅许多现代西方思想家频频向中国古老的文化智慧表示敬意，著名华裔科学家陈省身、杨振宁及国家最高科学技术奖获得者吴文俊等更是从中华先民的宝藏里获得启迪。这也是华夏五千年文明给予现代跨学科研究的一个馈赠。但是,鉴于跨学科研究领域在近年来出现的一系列学术失范现象及所产生的不良影响,在科学技术和应用伦理学发展繁荣的今天,更应该加强跨学科研究的哲学和伦理学思考,探索跨学科研究的伦理学,通过强化学者和科学家的道德自律或他律,保证跨学科研究的顺利推进。这正是未来跨学科探索所面临的社会责任。

(三) 经验总结法

经验总结法是通过对实践活动中的具体情况,进行归纳与分析,使之系统化、理论化,上升为经验的一种方法。总结推广先进经验是人类历史上长期运用的较为行之有效的领导方法之一。它需要理论研究者和实践者做一番总结、验证、提炼加工工作。总结经验一般在实践中取得良好效果后进行。在总结经验时,一定要树立正确的指导思想,要用马克思主义的立场和观点进行分析判断典型,分清正确与错误、现象与本质、必然与偶然。经验一定要观点鲜明、正确,既有先进性、科学性,又有代表性和普遍意义。

根据经验总结的具体实践过程,其一般方法步骤,如图 1-3 所示。

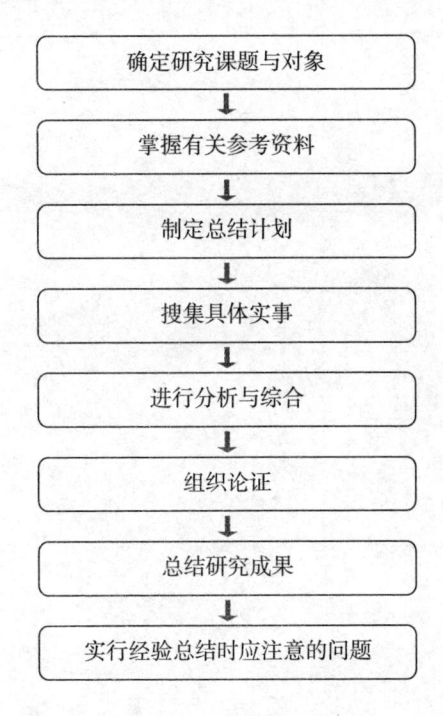

```
确定研究课题与对象
      ↓
  掌握有关参考资料
      ↓
    制定总结计划
      ↓
    搜集具体实事
      ↓
   进行分析与综合
      ↓
      组织论证
      ↓
    总结研究成果
      ↓
实行经验总结时应注意的问题
```

图 1-3　经验总结法一般方法步骤示意图

实行经验总结时应注意以下几点：

选择对象要有代表性，具有典型意义；要以客观事实为依据，定性与定量相结合；要全面观察，注意多方面的联系；要正确区分现象与本质，得出规律性的结论；要有创造革新精神。

（四）描述性研究法

描述性研究法是一种简单的研究方法，它将已有的现象、规律和理论通过自己的理解和验证，给予叙述并解释出来。它是对各种理论的一般叙述，更多的是解释别人的论证，但在科学研究中是必不可少的。它能定向地提出问题、揭示弊端、描述现象、介绍经验，它的实例很多，有带揭示性的多种情况的调查，有对实际问题的说明，也有对某些现状的看法。

第二章　旅游节事活动相关概念界定和理论基础

针对广西旅游节事活动发展现状进行研究，需要明确旅游节事活动各相关概念的界定及其特点。通过三种主要的理论可以对广西旅游节事活动的发展状况进行系统而全面地分析，为下文进一步研究做好理论铺垫。

第一节　旅游节事活动相关概念界定

节事是旅游发展的一个重要动力，很多旅游目的地营销的主要手段就是利用节事活动来吸引更多旅游者的关注。节事的独特性为旅游目的地增加了节事活动内容的丰富性，同时提高了旅游目的地的竞争力。旅游业及其研究领域中出现节事旅游或是事件旅游只有短短几十年时间，在这段时间内，节事旅游的相关研究逐渐增多，旅游也成为人们生活中一个必不可少的组成部分。

通常来说，节事旅游既包括事件旅游也包括节庆。国内学者在国内外相关定义的基础上，结合中国旅游节事活动的发展情况，对旅游节事进行了新的界定，认为可以将节事活动看作旅游节事的情况有以下四类：第一，冠名为"旅游"的节事活动；第二，节事活动以"旅游"为主题；第三，具有一定的规模效应和较强的市场吸引力，已经成为当地文化旅游产品的节事活动；第四，具有旅游影响的特殊事件和节日庆典活动。

现在我们经常经历的所谓的"节"，实则是企业为了推广其产品而组织的一系列活动，失去了"节"原有的本质与内涵，这种作为一种宣传手段的"节"，实则是一种"事"。目前来看，我国各地举办的"旅游节"，以及与"旅游节"相关的活动，大多包含了商贸洽谈会、博览会以及其他各种活动，已不仅仅是单纯的庆典活动，而理解为特殊事件更为合适。因此，旅游节事在我国的发展实践中，与国际上较为通行的旅游产品的概念更为贴近，并没有本质上的区别，这种旅游产品的主要表现形式通常为节庆和特殊事件。因此，旅游节事的主要目的是促进当地旅游业和经济的发展，人为地对旅游资源进行策划、开发和营销，最终形成具有一定规模并产生广泛吸引力和影响力的节日庆典活动与特殊事件。

旅游节事活动具有以下三个方面的特点，如图 2-1 所示。

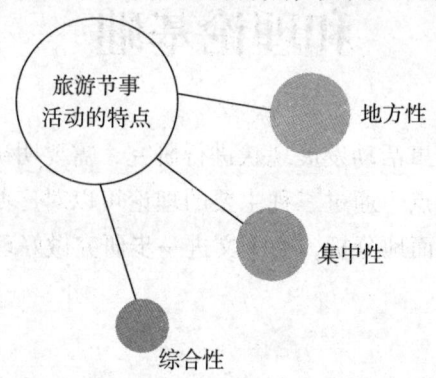

图 2-1 旅游节事活动特点示意图

一、地方性

旅游节事活动大多在地方政府的策划和主导下进行构建，充分利用当地独特的旅游资源。不同地域的风俗习惯和人文活动直接导致独特旅游资源的形成，这也是直接决定消费者选择到这个地区旅游的根本原因。旅游节事活动的地方性，在一些地区的节事活动中体现得最为突出。例如，陕西的黄陵祭祖、山东曲阜的孔子文化节、哈尔滨的国际冰雪节等，这些旅游资源在国内外都无可替代。因此，从这个角度来看，旅游节事活动虽然面向整个国际市场，但其根本上具有鲜明的地方特色。

旅游节事活动的地方性是其活动本身最主要特点，最能够吸引旅游者参与旅游节事活动。旅游者选择到一个地方游玩，最为看重的就是这一地区独特的、有趣的旅游资源。因此，地方性是旅游节事活动中至关重要的特点。

二、集中性

旅游节事活动的目的性很强，有更明确的主导性，与传统旅游活动有着明显的区别。旅游节事活动大多是在旅游资源的基础上构建起来的，但这些旅游资源有的处于待开发状态，有的是在传统旅游活动的基础上衍生出来的。因此，为了可以在短时间内获得收益，旅游节事活动需要将旅游资源进行集中化和规模化发展，通过这种方式来吸引旅游者的注意，提升旅游节事活动的受关注度。例如，陕西黄陵祭祖在清明节期间举办活动，山东曲阜的孔子文化节会选在孔子的诞辰开展活动。而一些旅游节事活动也会选择特定的日子或是时间段来举办，没有特殊情况的话不会轻易调整活动日期。

旅游节事活动的集中性可以将自身的旅游资源优势、地方特色、配套条件优势集中在一起，在旅游节事活动中充分呈现出来。从旅游节事活动组织者角度来看，可以最大限度地吸引旅游者。另外，站在旅游者的角度来看，可以节省旅游的总体成本，在一定的时间内可以享受更多的旅游服务。将优势且相互关联的旅游资源集中在一起，可以让各个资源之间相互补充，相互完善，形成更大的旅游资源优势。

三、综合性

当下，旅游业处于快速发展阶段，关于旅游相关方面的理论研究也有了不同程度的进展，人们对于旅游节事活动的认知与理解也发生了明显的变化。以往，许多地方举办旅游节事活动，通常只是注重旅游节事活动的直接经济效益，而不会过多地关注旅游节事活动其他方面的效益。而如今，旅游节事活动的组织者或开发者开始逐渐关注旅游节事活动的综合效益。

旅游节事活动涉及的不只是旅游一个方面的事项，其有可能会关联其他若干行业或领域，表现出综合的社会效益。例如，旅游节事活动可能会与文化创意行业、交通运输业、文化演出行业等行业形成广泛的合作关系。旅游节事活动可以在一个地区影响并带动这个区域各个相关行业的发展，让更多人参与进来。旅游节事活动不仅给一个地区带来经济收益，也可以给一个地区带来社会效益和社会影响力。

第二节 旅游节事活动理论基础

一、旅游营销理论

旅游营销意指在充分了解旅游者需求的基础上之后，旅游产品或是旅游服务的生产商设计适当的旅游产品、服务或是项目，以最大限度地满足旅游市场需求的过程。

在旅游节事活动的规划与发展中，旅游营销起着较为重要的作用。旅游营销是景区或旅游企业在现代市场营销观念的引领下，为了寻求企业长期的生存与发展，根据内外部环境条件的变化，对目标旅游市场做出的具有全局性、长期性的计划。它是景区或旅游企业在一个较长时期内旅游市场营销发展的总体设想与规划。[①]

从营销学的角度来看，市场指具有特定需求、能够通过购买或是交换来满足这种需求的现实的或是潜在的顾客。市场包含的基本要素有三个：人口、购买能力和购买欲望。三个要素之间相互制约，共同构成一个完整的市场，三个要素同时作用，决定了市场的规模、容量、发展情况以及未来走势。

旅游市场是进一步细化的市场，从营销学的角度来看，旅游市场是具有某种特定需求或是欲望的、能够通过购买或是交换来满足这种需求和欲望的全部现实和潜在的顾客。

旅游市场最为常见的分类方式是根据游客的来源进行划分，可以分为国内旅游市场和国际旅游市场两大类。按游客出行方向不同，可以分为国内旅游市场、出境旅游市场和入境旅游市场。按旅游目的地的不同，可以分为会议旅游市场、休闲和度假旅游市场、观光旅游市场、商务旅游市场、交流和专业访问旅游市场等。

旅游营销作为营销的一个分支，具备营销的一般内涵，其中具有三个方面的内涵：

第一，旅游营销以满足旅游者的需求、围绕旅游产品或服务的交换来进行，以有形的产品或无形的服务使旅游者满意，最终实现旅游企业的经济目标和社会价值。旅游营销的一切活动都是以最大限度满足旅游者有形或无形需求为最终目的，旅游景区或企业为旅游者提供服务的过程，一方面是为了满足旅游者的需求；另一方面也是为了实现旅游景区或企业的社会价值。

第二，旅游营销活动是一个动态的过程，其中包括计划、分析、执行、反馈和控制，更多地体现旅游企业对旅游经营活动的管理功能。旅游营销过程是对参与或涉及旅游活动的人员、物资、资金、信息、时间、空间等资源进行的综合调配和协调管理。换句话说，就是对与旅游相关的人力、物力、财力以及时间等因素进行打包统筹，以更好地进行协调管理，使旅游资源得

---

① 朱孔山. 旅游市场营销[M]. 青岛：中国海洋大学出版社，2010：12.

到合理利用，使旅游产品或服务得到更广泛地推广。

第三，旅游营销所适用的范围较广泛。其一，旅游营销有着更广泛的主体，包括所有提供旅游产品的企业或组织；其二，旅游营销所涉及的客体也较多，不仅包括有形的旅游产品的营销，也包括无形的旅游服务的营销，以及旅游企业由此而发生的一系列相关的经营行为。

二、消费者行为理论

行为是在思想支配下而表现出来的外部活动，是一种举止行动。人的大部分行动是由动机所支配的。事件的目的引发动机，动机引发行为，行为是一个连续的过程，最终可以实现目的。学者普遍认为，消费者行为理论可以解释或描述为消费者的购买行为或是选择行为。消费者行为理论有很多种，其中具有共性以及代表性的行为模式是消费者行为的一般模式。这一模式表明，消费者的一切行为都是在某种刺激下产生的。这种刺激可以是外部环境的"拉动"，也可以通过消费者自身心理或生理层面来自我"推动"。这里需要提及两个概念——漫游癖和恋物癖，它们也是旅游的两种驱动力。1970年，格雷对这两个概念做过解释，漫游癖是人们自身的本能动力，其激发着人们走出生活的熟悉环境，探索求知世界，满足好奇心的强烈欲望。而恋物癖是一种客观事物，因符合了特殊意愿，依附秀美的异域风光后而吸引着人们的注意与好奇，是一种外部环境或事物的"拉动"。

漫游癖与恋物癖是从消费者自身与外部因素两个方面来对消费者行为进行的不同视角的解释，是内在"推动"与外在"拉动"的差异。同时，这也是消费者旅游行为中两个基本的行为动机，从这两个方面我们可以理解消费者各种不同的消费行为。

三、体验经济理论

体验经济是继农业经济、工业经济、服务经济之后的第四种经济类型，它是服务经济的一种延伸与拓展。体验经济侧重消费者需求满足时的感受，注重消费者在消费过程中的心理体验。

体验，就是企业以服务为中间平台，以商品为道具，围绕消费者的需求，创造出可以满足消费者需求的商品或服务。消费者通过商品或服务主要获得的是主观上的感受与体验。商品或服务对于消费者来说只是一种外在的表现形式，而消费体验则是一种内在的心理收获。

体验经济理论的基本特征可以表现在六个方面，如图2-2所示。

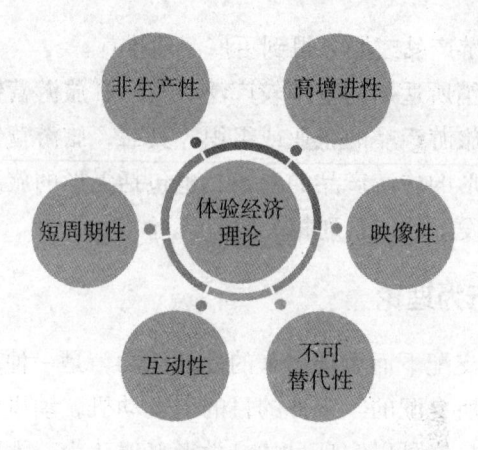

图 2-2 体验经济理论基本特征示意图

（一）非生产性

体验是一个人在意识、情感、精神、体力、思想等方面达到某种特定的状态时，所获得的一种美好的、舒服的、无可替代的感知。这种感知并不是一种经济产出，通常来说不能以各种方式进行量化，同时不能像其他工作或活动一样产生出可以触摸的物品。体验区别于一般的商品或服务，其是一种实际存在的，但不可见、不可触碰的感受或感知。

（二）短周期性

一般来说，农业经济的周期最长，通常以年为单位；工业经济的周期次之，一般以月为单位；服务经济的周期一般以天为单位；而体验经济的周期最短，通常以小时为单位。其中也可以反映出，随着科技水平的不断提高，生产力得到提升，人们对于消费行为的感知逐渐精细化，有的甚至以分钟或秒计，如互联网。

（三）互动性

与体验经济不同，农业经济、工业经济、服务经济属于卖方经济，都是由生产者直接生产商品或服务的，并且在整个生产过程中不需要消费者参与其中，经济产出与消费者之间可以不发生任何关系。但体验经济则不然，因每一种体验都与个人的身心感受息息相关，体验经济产出的效果如何与每个参与者的互动作用有直接的联系。在体验活动的全过程中，消费者既是其中的主要参与者，也是受体验经济服务的对象。

在体验经济活动中,商家或企业所提供的产品或服务需要通过消费者的切身参与才可真正实现体验经济的价值,消费者与产品或服务之间需要进行不断互动,二者之间信息或情感的交流实时都在进行。假若没有消费者的参与,体验经济也便无从谈起。

(四)不可替代性

农业经济、工业经济、服务经济,这三者对其经济的提供物——商品的需求要素分别是特点、特色、服务,而体验经济对其经济的提供物——商品的需求要素是一个人的感受,这种感受是个性化的,与其他任何人都有所不同。对于同一事物,不存在两个人的感受是相同的,这是因为每个人的成长环境不同,所接触的事物不同,接受的学习经历不同。进而,每个人对事物的感受和体验都是独一无二、不可替代的,具有唯一性。这也是体验经济不同于其他三种经济方式的一个主要特性。

(五)映像性

每一次体验都会给人留下深刻的印象,不管是一次远途旅行、一次峡谷漂流经历、一次潜水尝试,还是看过一场电影、听了一段韵律优美的音乐或是看了一本感人至深的书,都会在一个人心中留下或深或浅的印迹。有时,在体验的过程中所获得的感受或回忆比体验过程本身还要印象深刻。对于商家或企业来说,会更加注重消费者在体验过后所产生的具有深刻印象的感受;对于消费者来说,也会更倾向于获得体验之后的这种难忘的感受或回忆,这种感受或回忆有时是短暂的,有时是长久的。商家或企业所追求的是最大限度地满足消费者的精神或印象感知的需求,并期望消费者产生的影响可以长久保持。

(六)高增进性

有时,体验经济为消费者提供的服务或体验感受不能用简单的价格来衡量。有时,商家或企业所提供的服务或体验不会花费过高的成本,却有可能带来较高的收益。体验经济有时不能用简单的传统经济理论来解释和分析。例如,同样质地和花色的一件衣服,在夜市或地摊上,可能几十元钱就可以买到,而如果放到商场或品牌专卖店,就需要花几百元才能买到。其中的区别在于,商场或品牌专卖店除了提供基本的商品外,还会提供舒适的购物环境、良好的试衣体验、较高的服务质量以及售后保障等一系列专业性产品附加服务。又例如，同样一道菜，在家里做成本也就几元钱，但放在高档的酒店里，加上细致周到的服务和惬意舒适的环境，一道菜可以售价几十元甚至上百元。主要的区别就在于高档酒店可以为消费者提供超过菜品本身的超值服务体验，而这种被尊重、受重视的感受也是消费者主要的消费侧重点。

具体到旅游节事活动来说，旅游节事活动的本质是一种实践活动，旅游者在旅游实践的过程中获得一种身体或心灵上的体验。旅游者对于未知的环境和领域充满好奇，只有通过切身体验才可以真实感受到欣赏客观事物或风景所带来的愉悦。体验经济理论的六个特性同样适用于旅游节事活动，旅游节事活动所提供的非生产性产品可以让旅游者拥有独特的体验，这种体验不同于旅游文创产品、商品或是旅游服务所带来的感受；旅游节事活动所带来的体验可以让旅游者即时进行反馈，不同于工业经济、服务经济等经济形态较长的周期，旅游节事活动的体验经济的即时反馈可以让旅游节事的主办方及时了解旅游者的体验感受；正因为旅游者可以及时地反馈自己的体验感受，与旅游节事活动可以进行有效互动，旅游者既是旅游节事活动的主体，也是活动的参与者，可以说旅游者是旅游节事活动的重要组成部分，彼此之间的互动与交流共同推进活动的向前开展；对于每个旅游者来说，其所体验的旅游节事活动的感受都不尽相同，因这些独特的且不可替代的个人体验，旅游者才会更注重游览或观赏的过程；旅游节事活动为旅游者带来的不可替代的个人感受可以在旅游者内心产生较为深远的影响，这种在旅游者心中产生的映像通常可以持续较长时间，这也是旅游节事活动的主办者期望看到的效果；而旅游节事活动在旅游者心目中产生的映像越深刻，就可能会为活动的主办者带来更大的利润空间，其旅游节事活动拥有的高增进性会不断激励活动主办者提供更具吸引力的旅游节事活动。

体验经济理论的六个特性彼此相互联系，而又层层递进，从更深入的角度阐释了旅游节事活动举办的内在逻辑。

第三章　广西旅游节事活动发展现状

广西旅游节事活动的发展现状，首先需要了解节事活动对举办地产生的影响，包括经济、社会文化、目的地形象等方面，以及未来的长远影响。从广西旅游节事活动发展的概况和特点入手，筛选出其中四个主要的旅游节事活动进行深入分析，从中找出影响和制约广西旅游节事活动向前发展的六个方面因素。

第一节　广西旅游节事活动发展概况

一、广西的地域特点

广西壮族自治区，简称"桂"，南宁市为其首府。广西位于中国华南地区，地区全域东临广东，南接北部湾，同时与海南岛隔海遥望，西边与云南接壤，东北方向与湖南毗邻，西北紧挨贵州，西南方向与越南相衔接，广西陆地面积有23.76万平方千米，海域面积约有4万平方千米。

（一）优越的地理位置和丰富的自然资源

广西位于西南边陲，其南部拥有漫长的连接北部湾的海岸线，其中红树林面积位居全国第一位；其北部与南岭山地相连接，有着别具一格的喀斯特地貌构造，溶洞景观同样具有独特的风格；广西还是中国—东盟自由贸易区的重要组成部分。

位于低纬度地区的广西，气候温暖湿润，有着充足的降雨量，较长的日照时间，为植物提供了优良的生长条件，整个区域有37种国家一级珍贵保护植物，如擎天树、银杉等。

广西有着丰富的海洋资源，天然港湾遍布各处，浅海和滩涂有着广阔的面积，北部湾海域范围内有着丰富的渔业资源，水产充裕，可捕捞量充足，与此同时，这一区域还有着诸多重要的或是珍稀的药用海洋生物。

（二）少数民族众多及民俗文化多姿多彩

历史上的广西是百越的一部分，盆地与山地复杂的环境，阻隔了各个部落与族群之间的沟通与交流，进而，彼此之间不管是生产还是生活上往来的机会屈指可数。随着生产力的发展，生产技术水平的不断提升，各个部落逐渐发展壮大，演化为民族。广西少数民族众多，且由于地理环境的阻隔，各个民族之间的风土人情独具特色。

广西是多民族聚居的自治区，少数民族的总人口数占据广西全域人口比重的36%，其中聚集了壮族、苗族等12个世居的民族，以及京族、满族等40多个其他民族。各个民族在广西世代进行繁衍生息，形成了独具特色的饮食传统、建筑风格、民族语言、民间技艺、民俗节日等。

（三）丰厚的红色文化资源

广西是全国闻名的革命老区。五四运动爆发后，在中国共产党的领导下，广西建立起了中共地方党组织，发动了具有一定影响力的百色起义与龙州起义，建立起了红七军与红八军两支部队，设立了八路军桂林办事处，以组织和指挥抗日战争活动。

在解放战争期间，广西各地的武装力量与解放军联合，共同作战，清除了桂系军阀的势力，彻底解放了广西。艰苦卓绝的革命岁月为广西积累下了深厚的红色文化资源，例如，"中共广西一大旧址"南宁景区、百色起义和龙州起义景区、"抗战文化名城"桂林市景区、桂中游击根据地景区、桂东南抗日武装起义景区等。

二、广西旅游节事活动开发情况

广西不管是旅游资源，还是历史人文资源都十分丰富，有着旅游节事活动开发的天然条件，具体可以表现在以下三个方面：丰富多彩的民俗风情特色、依托物产餐饮特色的广西特色产业的发展，以及内涵丰富的文化景观，如图3-1所示。

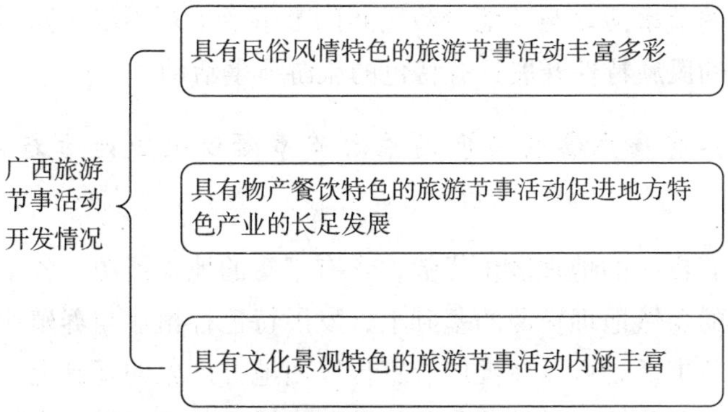

```
                    ┌─ 具有民俗风情特色的旅游节事活动丰富多彩 ─┐
                    │                                          │
广西旅游             │   具有物产餐饮特色的旅游节事活动促进地方特  │
节事活动  ──────────┤   色产业的长足发展                        │
开发情况             │                                          │
                    └─ 具有文化景观特色的旅游节事活动内涵丰富 ──┘
```

图 3-1　广西旅游节事活动开发情况示意图

（一）具有民俗风情特色的旅游节事活动丰富多彩

具有广西少数民族自身独特性的文化、建筑、服饰为旅游节事活动的可持续发展提供了一个坚实的基础。经过了广西漫长历史文化的发展，广西留存下来诸多的节事活动，其中包含着丰富的民族特色文化与风俗习惯。广西少数民族各类节事活动如表 3-1 所示。

表 3-1　广西少数民族特色旅游节事活动

序号	民族	具有代表性的节事活动
1	壮族	三月三歌圩节、牛王节
2	瑶族	盘王节、达努节、祝著节
3	苗族	芦笙节、斗马节、跳坡节
4	侗族	斗牛节、花炮节、多耶节
5	京族	中元节、哈节
6	彝族	跳公节、火把节
7	毛南族	放鸟飞、分龙节
8	仫佬族	走坡节、依饭节

由表 3-1 中可以看出，广西几个少数民族都有着自身独特的节事活动，

且其代表性的节事活动与其他少数民族的节事活动均不尽相同。各个少数民族依据自身的民族特性开展具有特色的旅游节事活动。

（二）具有物产餐饮特色的旅游节事活动促进地方特色产业的长足发展

广西有着良好的地理区位优势，含有丰富的地理资源，各个地区可以在本区域优质的自然地理资源的基础上，发展特色种植业与养殖业。具有广西特色的旅游节事活动可以在推广、宣传广西地方形象的基础上，促进地方经济的发展。广西各地通过举办各种旅游节事活动，可以进一步带动其他产业的发展。例如，百色市举办的芒果节，将芒果的采摘与品尝、经贸洽谈等环节融入其中，推动了百色芒果产业的全产业链的整体发展，而芒果作为当地的特色农产品，所进行的产业化发展方式也带动了当地其他相关产业的蓬勃发展。

通过旅游节事活动的带动效应，可以将广西各地区分散的特色资源集中在同一个产业链下，在产业资源整合与地方特色相结合的基础上，地方优势得以充分发挥。农产品等特色产品在品牌化的基础上可以借助旅游节事活动的宣传推广力度来扩大品牌知名度。

与餐饮相关的旅游节事活动往往会受到游客的广泛追捧，而通过"吃"或是其他与人们日常生活息息相关的诸多方面来进行特色产业的融合与发展，是切实可行的地方特色产业长足发展的道路。具有餐饮特色的旅游节事活动可以促进广西地方产业向更广泛的领域拓展。

（三）具有文化景观特色的旅游节事活动内涵丰富

广西一些地区在充分挖掘自身特色资源的基础上，对旅游节事活动做进一步开发，并以此来构建独具特色的地方形象，增强地区影响力。巴马县有着"世界长寿之乡"的美誉，这一地区的长寿文化有着悠久的历史与传统，当地决定以长寿作为地方特色，对巴马养生文化的内涵与精髓进行深度挖掘。通过举办巴马国际长寿养生文化旅游节，对长寿养生文化进行深度与广度上的宣传与推广。

桂林山水文化旅游节，是在当地山水文化的基础上，加入了美食节、啤酒节、文创体验、灯光节等诸多活动，丰富山水文化旅游节活动内涵的同时，也在一定程度上增强了节事活动的影响力与吸引力。

以上只是试举两例，而广西有着丰富的地理或是人文资源可充分加以利用，并将看不见、摸不到的特色文化资源凝结在品牌之中，或将广西特色的民族文化与当地农产品相结合，走产业化、集约化的可持续发展道路。

广西立足于自身独特的文化、历史、风俗特色优势，积极开发各种类型的旅游节事活动，对本地区的文化传承与发展起到一定程度的推动作用，对各个相关产业间的融合与发展起到积极的推动作用。广西在旅游节事活动与自身特色优势的利用等方面积累了一定的经验，如今需要将这些宝贵的经验进行总结和提炼，以推广到广西其他地区或是国内其他省市地区。

第二节 广西开展旅游节事活动的优势

一、丰富的旅游节事资源

广西借助于自身独特的地理区位优势，拥有着丰富的旅游节事资源，主要体现在四个方面，如图 3-2 所示。

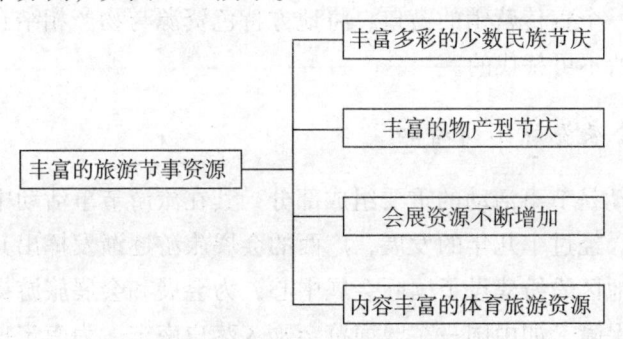

图 3-2 丰富的旅游节事资源示意图

（一）丰富多彩的少数民族节庆

广西壮族自治区是我国壮族人口最多的地区，同时居住着包括壮族在内的 12 个民族，民族节庆特别是少数民族传统节庆资源十分丰富，这些节庆资源为旅游节事活动提供了丰富的内容。传统节庆是各个民族在长期的历史发展中对民族文化的继承和发展，是中国传统文化的重要组成部分，其丰富的民族和历史文化可以在一定程度上吸引游客。

广西丰富的少数民族节庆可以为旅游节事活动提供多种多样的呈现形式，少数民族的历史文化是节事活动取之不尽、用之不竭的物质文化与精神文化的宝库。人们对于广西少数民族文化的理解与认知往往停留在表面，可以通过旅游节事活动的举办进行更深入地了解。

（二）丰富的物产型节庆

广西有着丰富的物产型节庆资源，对地方形象的塑造、地方文化的宣传、地方经济的发展都可以起到积极的作用。在此基础上，各个地方可以将具有地方特色的物产资源充分加以利用，通过举办物产型节庆的方式，对地方文化进行广泛宣传，充分发挥其招商引资优势，吸引投资者与游客的广泛关注，促进当地经济的发展。对旅客来说，到此地进行游览，不但可以体会节事活动的趣味性，在精神层面上得到充分享受，而且可以体会到各式各样物产所带来的感官体验。如"柿子之乡"桂林恭城举办的柿子节、"芒果之乡"百色举办的百色芒果节、"人造宝石之都"梧州市举办的梧州国际宝石节等。

结合地方物产，开展旅游节事活动，不仅有利于宣传地方特色，还有利于带动农产品生产、运输业、产品加工业等一系列相关产业的发展。旅游节事活动作为一个宣传营销的窗口，将地方特色资源与物产相结合，是其他宣传推广形式所不可替代的。

（三）会展资源不断增加

会展活动是节事活动的重要组成部分，其在旅游节事活动中同样发挥着重要的作用。经过十几年的发展，广西的会展旅游逐渐发挥出其自身独特的优势。各个地区纷纷建设了国际会展中心，为会展和会展旅游提供了强大的基础设施的保障，如中国—东盟博览会永久落户南宁，为南宁提供了长期且可持续发展的机遇。此外，中国—东盟传统医药健康旅游国际论坛、中国—东盟博览会农业展等会展的举办，使广西会展旅游资源逐渐丰富，为广西会展旅游走向成熟提供了坚实的资源保障。

通过举办会展的形式，广西旅游节事活动可以与其他诸如农业、餐饮业等直接相关或是没有太大关联性的行业进行广泛关联。会展可以作为连接旅游节事活动与其他领域或行业的桥梁。旅游本身就可以带动当地贸易活动的发展，而贸易中包含各种形式的商品及服务，诸多行业或企业都可参与其中。餐饮在旅游节事活动中有较大的占比，"民以食为天"，人们对于吃的热度，同样不亚于旅行过程中带来的身心愉悦。而旅游节事活动与餐饮进行有效结合，可以充分发挥两个大众热衷领域的各自优长，一个侧重于提供精神上的产品与服务，另一个侧重于提供物质上的享受。一部分游客可能由于旅游节事活动形式或内容上的吸引力而选择前往，而另一部分游客可能主要由于美食的诱惑而决定前去。这种结合形式可以最大限度满足游客不同方面的需求。

（四）内容丰富的体育旅游资源

广西体育旅游资源中既包括诸如打陀螺、走板鞋、抛绣球、抢花炮等传统体育资源项目，也有现代性的体育赛事，如各种锦标赛、各个城市承办的马拉松赛事等。据不完全统计，目前广西现在已经开发的体育旅游资源总量在700个左右，包含体育旅游精品线路、体育旅游精品赛事、体育旅游示范基地等，其中大部分为人文类体育资源，剩余部分为自然资源类体育资源，从中也可以看出人文类体育旅游受到人们更多关注，因而更具有开发和利用的价值。

人们对于精神方面的需求，除了旅游节事活动之外，体育是另一个主要的选择方向，在旅行过程中，人们可以欣赏体育赛事。一些游客对传统体育项目充满热情，而另一部分游客可能对现代体育项目有更多的关注度，而广西多样化的体育旅游项目可以为游客提供更广泛的选择。与此同时，广西的各种体育赛事，多以国际性大赛为主，游客可以在欣赏赛事的同时，感受大型比赛的魅力。大型体育赛事的举办也为广西当地的形象宣传推广提供更大的吸引力，体育赛事可以反向推动举办地的社会、经济、人文、生产生活等各个方面的同步发展。

二、良好的旅游基础

近些年来，借助国家经济快速发展的势头，人们不只关注物质生活水平的提升，还将更多时间和精力放到精神生活水准的提高上，而这种趋势给广西旅游节事活动的发展提供了良好的发展机遇。广西是一个旅游大省，有着得天独厚的自然资源以及人文资源，与此同时，红色旅游、山水旅游、民族旅游、边境旅游、乡村旅游、滨海旅游、高铁旅游等不同形式的旅游业态同步向前发展，旅游基础设施持续更新，与旅游相关的公共服务体系不断完善，为广西旅游继续更好更快地发展提供了坚实的基础。

广西多种多样的旅游形式可以为游客提供广阔的旅游选择，天然的自然资源与悠久的人文资源成为独具特色的资源优势。游客不仅拥有更多的选择机会，也可以在历史、人文、自然资源上获得多样的感官体验。旅游基础设施作为旅游出行的一个硬件基础,是游客首先会关注到的影响出行选择的一个重要因素,其次,与旅游出行相关的公共服务体系也是影响游客进行选择的重要的一个方面。游客期望的不只是可以看到独特绮丽的景区风光,同样还关注旅游景区的软件服务是否到位,而广西在这一方面也正在不断进行自我完善,以不断满足游客日益增长的旅游服务需求。

到目前为止,广西拥有旅游特色名县20个,国家级全域旅游示范区创建单位19个,区级全域旅游示范创建单位62个,另外全区有93个县参与到全域旅游的建设和创建中,这也从一个侧面体现了广西对于全域旅游建设的重视程度。

广西通过打造旅游特色名县来进一步明确各个地区关于旅游发展的侧重点及方向,而各级全域旅游单位的创建为广西整体旅游产业的发展提出可行性的目标。此外,在创建全域旅游单位的过程中,各个地区也可以形成相互竞争比拼的良好态势。其他没有参与其中的地区,也会通过自己的努力争取参与其中。通过先行先试的方式逐步将广西整体的旅游产业发展不断向前推进。

从景点和旅游住宿的情况来观察,广西全域的旅游景点有800多家,其中5A级旅游景区有6家,4A级旅游景区214家,有449家星级旅游饭店,其中五星级饭店有12家,四星级饭店有102家。除此之外,广西有中国美丽乡村18个,区级以上休闲农业及乡村旅游示范县127个。这些旅游配套设施的不断提升与增强,为广西整体旅游产业的持续发展提供了坚实的保障基础。

将视角进一步缩小可以看到,广西全域旅游设定了多个旅游景点,以5A及4A级旅游景区为引领,进一步激发其他地区向优质景区迈进。而星级旅游饭店的带动效应,同样也可以提升其他饭店经营的积极性。景区或饭店的示范引领作用可以在一定程度上影响其所涉及范围的经济发展,带动相关产业或行业积极向上,良性的竞争同样有利于区域经济的提质增效。有时相比于物质,荣誉可以带来更大的影响和发展动力,中国美丽乡村的评选以及休闲农业和乡村旅游示范县的选出,在很大程度上激励了获选乡村不断探索旅游发展的道路。除此之外,与旅游产业相关的配套设施的水平不断提升与完善,为广西旅游产业的持续长远发展提供了最基本的软硬件支撑。

再从近几年广西旅游的相关数据来看,2015年,广西旅游接待总人次为3.14亿人次,而到2019年,广西旅游接待总人次就达到了8.76亿人次。而旅游总消费也在逐年增长,2015年旅游总消费为3254.18亿元,2018年翻了一番多，达到7619.90亿元，到2019年达到了10241.04亿元，第一次突破了万亿元大关。因此，广西也成了继广东、江苏、山东、四川、浙江之后，旅游总消费数据突破万亿元大关的第六个省份。这一数据充分体现了广西旅游强劲的后发优势和较大的增长潜力，这在很大程度上也为广西旅游节事活动提供了一个良好的发展环境。

从近几年广西旅游的相关数据中可以看出，广西旅游产业以一个高速的发展势头逐年增长。不管是旅游接待总人次，还是旅游总消费都有着较大的发展。广西旅游的消费总量也跻身国内省份前六，这一强劲的增长趋势进而可以充分调动各个地区持续发展的积极性。

三、明显的区位优势

广西旅游节事活动的开发，其中重要的部分在于旅游客源市场的开发。一个地区所属的地理位置是其旅游客源市场开发的重要影响因素，这也会直接影响着游客对于旅游目的地的选择。广西所处的地理位置具有明显的区位优势。广西处于我国大陆的华南地区，是华南、西南、东盟三个经济圈的交叉结合部，广西也是西南出海大通道的出海口，还是连接粤港澳大湾区的重要通道，具有"沿海""沿边""沿江"三位一体的区位优势，如图3-3所示。

图3-3 广西旅游节事活动区位优势示意图

（一）沿海优势

广西有着曲折而绵长的海岸线，北海、防城港、钦州是三个主要的沿海城市。在滨海旅游中，具有天下第一滩的北海银滩、防城港的白浪滩、钦州的三娘湾、东兴的金滩等都有着较高的知名度。

曲折而蜿蜒的海岸线天然而成，独特的地理优势可以提供更多的观光景点，沿海城市可以最大限度借助自身地理优势和知名度，在原有的旅游配套资源的基础上，结合自身旅游资源的优势，扬长避短，充分发挥自身优势。

（二）沿边优势

广西有8个县或市与越南接壤，有着1020千米的陆地边境线，12个边境口岸，25个边民互市点。在边境旅游中，拥有凭祥友谊关——中国九大名关之一、中越边境的东兴商贸旅游、跨越两国德天跨国瀑布和靖西中越边境的边境公路旅游等。

广西与越南漫长的接壤边境线，为广西提供了与越南进行广泛交流与沟通的窗口，专门的边境口岸和边民互市点的设置可以将中越两国的地区贸易集中于特定的地点，既方便两国进行贸易，也有利于地区经济的发展。

（三）沿江优势

西江是珠江水系的上游，贯穿广西梧州、贵港等主要城市，在内河港口经济中，其运输能力仅排在长江之后，梧州港作为我国内河港口的第六大港，在通江达海的经济发展战略中发挥着不可忽视的作用。

广西利用水路交通的便利优势，可提高其货物、人员的流动性，流动性的增加可以加快经济的发展速度，增加地区间的交流。广西借助沿江优势，将区域内的主要城市串联起来，衔接各地优势资源。

从广西的区位优势来看，广西发展旅游节事活动主要从两个方面着手。

1.客源市场

从国际客源市场上看，广西是中国面向东盟发展最具优势的省份，是中国—东盟国际博览会的永久举办地，每年的两会一节都会吸引大量的东盟国家游客的到来。广西有21个主要的客源市场，排名在前10位的分别是马来西亚、韩国、越南、日本、中国香港、中国台湾、印度、新加坡、泰国、菲律宾。从中可以看出广西旅游的国际客源以东盟国家或地区为主，但客源层次并不高，对于欧美等发达国家的旅游吸引力还有待于进一步增强。

广西与多个东盟国家及其他国家和地区保持着密切的经贸联系，来自不同国家或地区的游客为广西带来一定的旅游机遇，这也直接为广西本地带来旅游消费。总体上看，国际客源主要集中于东盟这一区域内，世界其他国家或地区的客源还有待进一步挖掘。广西借助现有的客源基础，可以再进一步开拓欧美等发达国家的客源市场。

从国内客源市场上来看，广西处于我国西南边陲，靠海临边，与其相邻的省份有广东、云南、湖南、贵州，尤其需要指出的是，与经济发达的广东相邻，广西可以借助广东强大的经济优势，发展独特的旅游产业。目前，广西有 7 个机场开通了国内航线，高铁里程数已达 1751 公里，位居全国第一位，这也为广西拓宽国内客源市场，奠定了坚实的基础优势。

在国内视角来看，广西与多个省份毗邻，与多地往来交流，借助毗邻省份的资源、人才、区位优势等发挥自己的特长。依靠广东经济大省的优势地位，广西旅游产业可以借势发展，将广东经济发展的经验、人才、资金引入广西自身的旅游发展中，带动旅游产业以及旅游节事活动的发展。广西已经开通使用的机场以及位居第一的高铁里程数，可以最大限度和最有效率地保障游客的运输。另外，机场和高铁的建设也从一个侧面代表了一个地区经济发展程度，同时，也可以感受到这一地区管理者的经济发展眼光、治理能力、治理规划等一系列情况。国内或国外游客可以通过这些硬件指标初步感受一个地区的魅力。

2. 独特的区位和地缘优势

广西有着独特的区位及地缘优势，是北部湾经济区的经济中心，同时广西也是西南、华南和东盟重要经济圈的联结点，是中国连接东盟市场的重要枢纽城市，这些都为广西发展旅游节事提供了不可多得的区位优势。

广西有着十分重要的区位优势，其同时是几个经济圈的关键节点，而其枢纽性的地位将广西在经济发展中推向一个更高的位置。广西地处南方边陲，不仅连接着东盟国家，也衔接着国内多个城市，在与国内和国外衔接的过程中，广西可以集中各方优势资源和信息，在对贸易、经济、社会发展等诸多信息进行整理的过程中，广西也在输出自己独特的旅游资源、人文风俗、社会发展的经验和思路。不管广西所得这些经验与资源是其本身所具有的，还是经过时间的积累所形成的，广西都需要充分利用所拥有的优势，并将每一个优势落实到旅游节事活动发展的各项事宜中。

第三节　广西主要旅游节事活动调查分析

一、2022 年端午节

2022 年端午节假日期间，广西文化和旅游市场运行的具体情况，如图 3-4 所示。

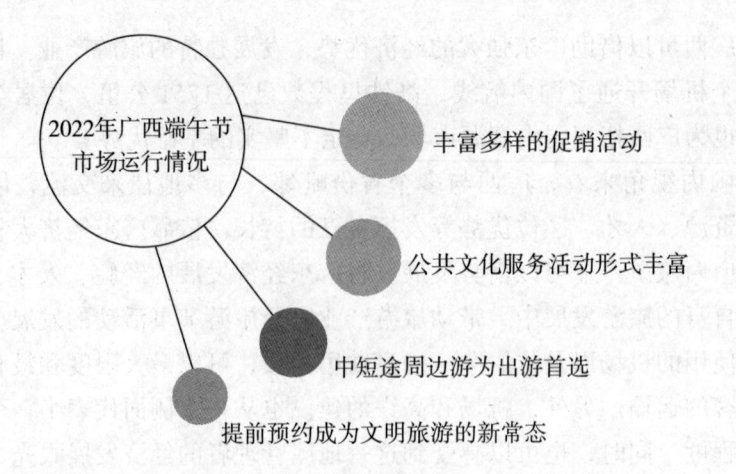

图 3-4　2022 年广西端午节市场运行情况示意图

（一）丰富多样的促销活动

广西在端午节假日期间推出了丰富多样的惠民促销活动，线上与线下活动相结合，最大限度地刺激了广西旅游消费市场。6月2日，广西启动了"缤纷夏日·趣玩广西"夏季文化旅游推广暨2022年首届广西文化旅游消费大夜市活动，这一活动选在桂林举办，活动期间推出了一系列广西夏季旅游主题线路，打造了夜间文化旅游消费新场景。在端午节假日期间，广西商务部门投入675万元资金，持续发放普惠性"33消费券"，通过线上领券、线下消费的方式，带动广西餐饮、住宿、出行、旅游、娱乐、购物等全方位消费，与此同时，广西商务部门还投入超过1300万元资金用于开展商超百货实体门店单笔消费反券的活动，通过单笔消费带动第二次消费。柳州市有超过40家A级景区和场馆向公众免费开放，崇左市大新德天跨国瀑布景区推出了"崇左人免费游德天"的活动。除此之外，百色籍游客在百色市20家景区内可享受免首道门票或门票五折及以下的折扣优惠，如凌云浩坤湖、靖西通灵大峡谷、百色大王岭等。

（二）公共文化服务活动形式丰富

在端午期间，广西的公共文化服务活动形式同样丰富。广西各地的公共文化场馆与端午传统文化特色相结合，提供丰富多样的文化旅游产品，市民与游客都可享受广西丰富的文化盛宴。广西民族博物馆特别组织"端午情、家风情"的讲解活动，每天定时由讲解员带领观众参观"家和万事兴——广西家庭家教家风主题展"，为观众讲解广西在家庭家教家风建设中取得的成效；南宁市少年儿童图书馆通过"非遗传承·成长相伴"系列活动，让孩子通过自己的探索、体验、学习民俗知识，度过一个有意义且有趣的假期；桂林市象鼻山景区在端午期间让游客现场"青绿换装"，在网红点拍照，体验感受"青绿腰"的传统之美；玉林市五彩田园栗园户外运动营地推出端午节亲子游——FUN 式露营端午节"粽"动员活动，人们可以借助传统节日的文化气息来充分感受大自然之美；梧州市图书馆开展了"我们的节日·端午节——粽子飘香过端午主题文化活动"，为市民提供了一场丰盛且具有浓厚传统节日文化内涵的活动；河池市南丹县举办了"粽情都牙康养丹炉"端午民俗文化旅游活动，活动包含开幕式、包粽子、民俗节目展演、龙狮闹场、祭龙等多种具有浓郁传统文化底蕴的节日活动。

（三）中短途周边游为出游首选

在端午小长假期间，当地游和周边游成为当地游客的首选出游方式，其中 3 小时旅游圈是旅游市场上的主推旅游产品。南宁市民在端午假期期间热衷于选择野外露营，许多游客带上家人或朋友自驾到市区周边的景区露营。"微旅游""微度假"成为公众旅游的首选方式，桂林市为适应升温的家庭自驾游、周边游、近郊乡村游等，对全市旅游产品重新进行包装，常态化地推广桂林新景点和新的旅游方式，联合全市主要景区、酒店、民宿等文旅企业推出了"学在桂林·幸会山水"的主题周边游产品；贺州市富川瑶族自治县的七彩虎头村、岔山村、坪江村知青围屋吸引了大量游客前往，而亲子游的首选旅游目的地选择了黄姚省工委旧址、中共广西省工委纪念园景区，家长们也乐于让孩子在重温红色历史和探访红色旧址的过程中，亲身感受革命先烈的不屈不挠、艰苦奋斗的革命斗志。

（四）提前预约成为文明旅游的新常态

广西将各方资源进行整合，推出了"一键游广西"平台，方便了游客预约，旅游景区对于游客出行游玩数据可以进行实时监测、科学引导，提供更为智慧便利的服务。全区旅游景区借助这一平台，可以为游客提供线上线下多个渠道的预约服务，在原有的携程、美团、同程等 OTA 平台线上预约渠道保持畅通的基础上，线下渠道进一步优化流程、简化环节，改善预约服务的体验。随着景区预约逐渐成为人们旅游出行前的必要准备和新常态，预约制也越来越受到游客的认可。"无预约不出行"已成为人们休闲旅游的新习惯，大部分游客也认为景区预约有较好的体验效果。景区的提前预约一方面可以帮助游客做好旅游出行前的准备，合理安排时间和出行线路；另一方面，可以帮助旅游景区对游客数量进行更精准的把控，景区可以根据游客到访数量随时进行服务和配套资源的调整，对于节假日到来的游客高峰有一个提前的准备和解决措施。

除此之外，广西全区各地、各个旅游景区、各个文化场所通过各自网站、微信公众号、微博、短信、LED 屏等多种渠道为游客提供出行的参考信息，引导游客做好个人的健康防护、科学合理地规划好旅游行程安排，确保安全出游。新的技术以及新的媒介方式的引入，可以为游客的出行提供更为细致化的信息服务。

二、2022年"五一"假期

2022年"五一"期间，受各种因素的影响，人们对于旅游出行的安全性更加关注，相比于 2021 年同期，2022 年"五一"期间旅游出行的人数以及旅游消费的总金额均有所下降，特别是边境县区的旅游受到的影响更大，假期人们的出行方式选择以近郊游、短途游、自驾游为主，"五一"期间，广西旅游市场的运行情况如图 3-5 所示。

2022年广西"五一"假期市场运行情况
- 文化旅游产品呈现出更加丰富多样化的趋势
- 短途近郊"微旅游"成为新时尚，乡村旅游受热捧
- 露营热持续升温
- 优惠促销活动激发文旅消费活力

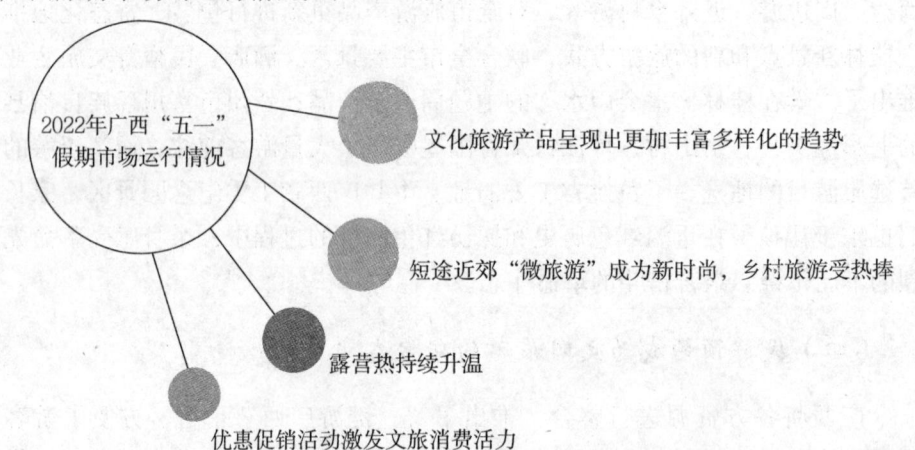

图 3-5　2022 年广西"五一"假期市场运行情况示意图

（一）文化旅游产品呈现出更加丰富多样化的趋势

在"五一"期间，广西壮族自治区以及各地文化和旅游部门推出了涵盖休闲养生游、美丽乡村游、红色文化游、文化遗产游等各具特点的精品旅游线路，游客可以根据自己的喜好和需求自行进行选择。广西全区多个地区也

同时推出了"本地人游本地"的精品旅游线路，如来宾市线上线下渠道相结合，以线上宣传带动线下产品和服务，以线下实物来弥补旅游体验，来宾市推出的网红直播街，形成了一条亮丽的风景线。这种将优势同质的资源进行集中，也最大限度地发挥了大规模或小规模的产业优势，在利于产业化发展的同时，也在一定程度上刺激了旅游经济的发展，来宾市旅游市场的火热也进一步地推动了旅游电子市场的繁荣发展。

广西全区各地图书馆、博物馆、美术馆等公共场所线上线下活动不断举办，为全区的文化旅游活动重新注入新鲜的活力。南宁、百色、桂林、柳州各市在"五一"期间，各图书馆接待读者数量大多超过万人；柳州市群众艺术馆举办了2022年"柳墨新语"柳州群文美术书法作品展，为市民和游客提供了一场视觉盛宴，同时开设线上展厅，能够让市民足不出户就可以近距离享受文艺作品的艺术之美；梧州市群众艺术馆以及各地区的文化馆同步开展了"我们的节日·五一劳动节"文化志愿服务活动等丰富多样的文化活动。中共梧州地委·广西特委旧址陈列馆、李济深故居等红色教育基地成为许多市民和游客热门旅游打卡地；东兴市开展了"云游"东兴的线上活动，游客和市民，甚至国内和国外的游客都可以足不出户游览东兴景区，推出京族非遗线上展播系列，为游客和市民提供非遗文化大餐。

（二）短途近郊"微旅游"成为新时尚，乡村旅游受热捧

2022年"五一"期间，受诸多因素的影响，休闲亲子游、乡村游、周边游、自驾游成为市民和游客的主要出行方式。市民在这一假期中，首先会选择乡村休闲体验、徒步登山骑行、田园采果赏花、城市周边踏青的旅游出行方式。各地景区根据自身的地域特色以及实际发展需要，推出丰富多样的乡村休闲游产品，如防城港市港口区光坡镇沙螺辽西瓜正值成熟期，市民和游客可以在海边体验摘西瓜的乐趣；在簕山、天堂滩、火山岛赶海踏浪、吃海鲜，在龙口喂养动物、垂钓、滑草，充分享受假日美好的休闲时光；在丹竹江四季采摘园采摘果实、亲自体验农田耕作，体验最具乡土气息的劳动乐趣。柳州程阳八寨景区的侗族多耶、火炉塘打油茶、侗族琵琶、侗笛等非遗展示体验，可以带给市民或游客独特的感受。朋友结伴或是家庭自助出游的方式受到越来越多人的喜爱。在整个"五一"期间，广西全区星级汽车营地总共接待游客将近19万人次，较"三月三""清明"假期增长80.58%，其中桂平西山泉露营基地共接待游客3.2万人次。

（三）露营热持续升温

户外搭帐篷露营从"三月三"假期开始，就已经火爆"出圈"，并且热度持续升高。而广西境内的各个景区根据游客的不同需求，对露营产品和旅游服务进行创新，衍生出多样化且丰富的露营经济新业态，公园、草地、桥下、湖畔、江边等休闲地点成为市民首选露营的胜地。高峰森林公园、广西体育中心、大王滩公园、园博园、南宁青秀山景区纷纷推出了特色鲜明的露营活动。来宾市金秀巴勒山推出云海露营节，主办方把露营地选在山地，市民和游客可以更加近距离地接近大自然。柳州君武森林公园举办"露营PARTY草坪星空音乐+篝火互动+露天电影"活动，吸引大量游客前往游玩。梧州蒙山长坪水韵瑶寨推出了天鹅湖·星空野宿"五一"小长假活动，开展瑶族五项趣味竞技比赛，包括皮划艇、独木桥、滚铁环、射箭、弹弓等活动。

（四）优惠促销活动激发文旅消费活力

自治区文化和旅游厅组织各市积极参与广西"33消费节"活动，发放了一批文化旅游消费券。广西各地各景点根据自身实际推出了一系列的优惠促销活动，最大限度拉动旅游消费。据不完全统计，广西区内200多家景区、民宿、乡村旅游区等旅游企业向游客推出近300项优惠措施。如南宁市青秀区举办的"惠享生活·乐购青秀"促销活动，涵盖了文旅、餐饮、零售、住宿、影院五大板块，在一定程度上拓展了游客的消费场景，提振了人们的消费信心。桂林市联合全市主要景区、民宿、酒店等文旅企业安排了"五一微度假·桂林48小时"特色周边游产品，在旅游市场上得到了广泛关注。大王岭景区推出了门票买一赠一的活动，市民或游客选择全家出行或是与朋友结伴同游出行，相当于五折的门票，可以很大程度上刺激游客游玩的冲动。贺州市姑婆山等景区纷纷推出了门票五折或是五折以下的优惠活动，此外，还有部分景区推出了集赞送门票或送好礼的活动。游览河池市的4A级旅游景区，游客只需要持本人的有效身份证件就可以享受首道门票免票或是五折的优惠。

三、2022年清明节和"壮族三月三"节

2022年4月2日到4月6日，清明节与广西"壮族三月三"的节日重叠，广西全区在这两个节日重叠之时，以"壮乡春正好·潮起三月三"为活动主

题，策划了 2022 年"壮族三月三·八桂嘉年华"文化旅游消费品牌活动新闻发布会等一系列假日文化旅游市场宣传推广活动。自治区安排了"和谐在八桂""e 网喜乐购""民族体育炫""相约游广西""桂风壮韵浓"五大板块的重点主题活动，通过线上线下相结合的方式为文旅市场提供产品供给，最大限度刺激旅游和文化消费市场。

文旅市场运行的情况可以从以下三个方面来具体阐述，如图 3-6 所示。

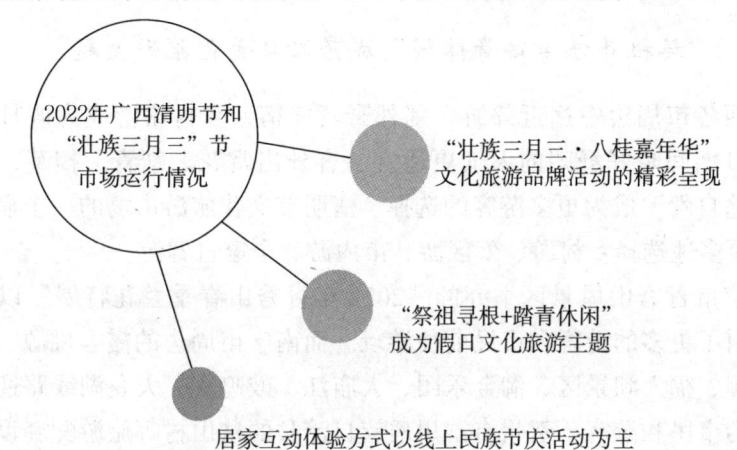

图 3-6　2022 年广西清明节和"壮族三月三"节市场运行情况示意图

（一）"壮族三月三·八桂嘉年华"文化旅游品牌活动的精彩呈现

围绕"壮族三月三"的节日主题，推出一系列精彩纷呈的活动，市民和游客在游园踏青时，可以切身体验浓郁的民族风情，感受假日的休闲乐趣。"壮族三月三·八桂嘉年华"活动的主会场设在南宁市青秀山，自治区党委和政府的主要领导亲临现场，与各民族群众一起共庆佳节。在主会场的活动现场，呈现了文艺演出、铜鼓仪式、迎宾表演、民族特色歌舞、非遗技艺展示、广西新民歌大赛、万人合唱领航、乐队表演、特色美食等内容丰富多彩的活动，游客可以充分感受壮族人民的精神面貌。

广西各地文旅部门通过线上线下相结合的方式，向社会推出了"壮乡飞歌""舌尖八桂""诗意田园""浪漫边海""秘境山水""红色初心"六条主题线路产品，吸引各地游客游玩广西。

南宁市在大王滩风景区和五象湖公园举办"南博寻春""扎染花开三月三·传承非遗匠心魂"等创新创意活动，以新颖的方式烘托节日的喜庆氛围。融水梦呜苗寨芦笙迎宾踩堂舞、喊苗酒、打油茶、火塘坐妹体验、《苗魅》演出、斗鸡、苗族婚嫁展示等原生态的苗族文化体验活动为假期增添更多的民族特色。柳州市君武森林公园举办了包含露天电影、篝火晚会、露营音乐演出、传统美食制作、民俗体验等在内的非遗民俗文化体验活动，现代与传统的接触中，其中时空转换之感给人带来新鲜的体验。方特东盟神话景区花船山歌节重磅登场，通过花车巡游、花神演绎、花船对歌等一系列活动激发游客的游玩兴趣，营造节日气氛。

（二）"祭祖寻根＋踏青休闲"成为假日文化旅游主题

广西各市周边短途近郊游、郊外野营露宿、乡村旅游成为假日游的热点，假日期间晴好舒朗的天气更适宜游客外出赏花、踏青、扫墓，而"祭祖＋短途自驾"成为更多游客的选择。清明节文化旅游市场的一个显著特点是人们更多地选择乡村游、郊区游、市内游、全家自驾游。

南宁市青秀山风景区举办的"2022年青秀山春季兰花特展"以及灯光夜游吸引了更多的游客和市民前往游玩。而南宁市周边的霞客桃源、禾田农耕文化园、福人湖景区、淘金乐团、大庙江、鼓鸣寨、大龙湖线路迎来了大量周边的市民和游客。贺州市富川瑶族自治县的岔山村等旅游配套设施相对完善的乡村旅游区在假日期间受到多数游客更多的喜爱。来宾合山市荷泉藕遇山庄、宇轩家庭等农场观光游的热度持续不减，并且带动了当地农副产品的销售。柳州市区几十万株紫荆花正缤纷盛开，大量游客争相与繁花合影，感受柳州春天落英缤纷的粉色浪漫气息。桂林市南溪山公园举办的"2022年南溪山樱花季"主题活动，吸引了各地的游客前往赏花。

（三）居家互动体验方式以线上民族节庆活动为主

假日期间，"壮族三月三·相约游广西"系列活动线上同步引流，带动线下活动的开展，线上线下同步进行，异彩纷呈，相关主要活动见表3-2所示。

表3-2 广西"清明·壮族三月三"节线上民族节庆活动影响力

	主办方	活动名称或内容	活动影响力
1	自治区文化和旅游厅	《壮乡春正好·潮起三月三》文化旅游主题宣传片	全网播放量810.7万，获14.3万点赞，25.4万转发
2	自治区文化和旅游厅、广西日报－广西云	广西首部文旅微综艺节目《趣广西打工！怦然心动的offer》上线	全网点击量达390.5万次

续　表

	主办方	活动名称或内容	活动影响力
3	自治区文化和旅游厅、新浪广西	"在你心里红·才是真网红——晒出你心目中的三月三网红打卡地"微博话题大赛	全网阅读量达8000万次
		"三月三真想去这里打卡"微博话题	全网阅读量3777.2万次
4	自治区文化和旅游厅、抖音	抖音话题"三月三潮玩计划"	3904.9万次播放

除表3-2中所列线上民族节庆活动外，广西各地还有多种形式的线上活动丰富公众的假日需求。"金牌导游说广西"系列活动创新性地首次开设了文旅惠民直播间，通过"短视频＋直播＋文旅全推介"的模式，促进文旅消费活动升级。广西博物馆录制的视频课"云端课堂"，介绍"壮族三月三"的传统习俗和美食，让众多网友真切地感受到广西这一民族暗影岛活动的独特魅力。广西图书馆的"八桂讲坛"邀请专家带领观众走进直播间进行"云观展"，配以《廖江竹枝词》讲解壮乡歌圩文化知识，其间还推出了山歌即兴创作示范、举例、网友互动等环节。南宁博物馆推出"壮族三月三"线上小课堂，在线上为观众讲述壮族人民的"三月三"节日习俗。北海群众艺术馆开展"壮族三月三·八桂嘉年华"——北海人的"三月三"活动，线上介绍北海特色文化、民风民俗知识，并开展听民歌猜歌名线上有奖竞答活动，民众在线上就可以随时进行互动交流。丰富多样的线上形式，丰富了"相约游广西"板块活动，加强了"壮族三月三"品牌宣传，让更多网友可以直接了解或参与到壮乡的秀美景色和人文风情。

四、2022年中秋假日

受大环境的影响，2022年中秋假日期间，广西游客出游的动力不足，但中秋前后是一年中气候最为宜人的时间段，又是举家团圆之时，游客有充裕的时间，几方面因素叠加在一起，也在一定程度上促进了旅游市场的发展与繁荣。据不完全统计的数据，广西全域在中秋假日期间接待游客数量达842.95万人次，旅游消费达到74.53亿元。广西旅游业总体运行高效而有序，并且在保证安全的基础上实现了高品质的发展。具体而言，中秋假日期间，广西节事旅游具有以下几个方面表现。

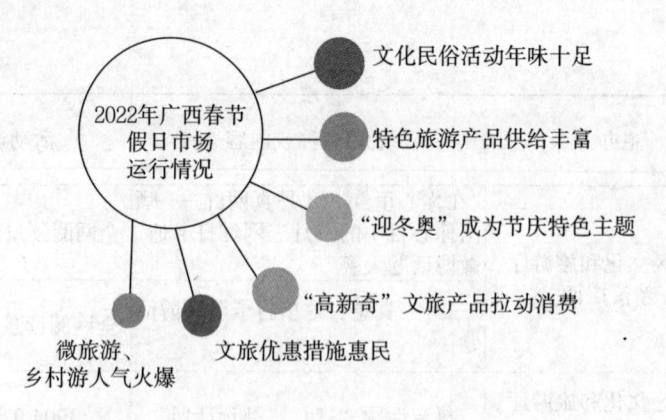

图 3-7　2022 年广西春节假日市场运行情况示意图

（一）旅游产品趋向多元化发展

1. 活动主题更加多元化

各地针对自身的传统文化，举办一系列与之相关的主题活动，形式更加丰富，游客有更大的选择自由度，如举办文化节、晚会等，满足了不同游客的出游需求。其既有内容丰富的线上活动，也有精彩纷呈的线下活动，在中秋假日期间，游客都可以感受到中秋的节日氛围。南宁市通过一系列中秋主题的活动，让游客切身感受传统节日乐趣，如体验扎染技艺、学做壮锦书签、制作节日花灯等。另外，还有隆重的祭月大典仪式，以及传统与现代结合的嫦娥选拔大赛。桂林市推出了中秋主题的星空夜市活动，手工月饼制作活动让游客对月饼有了更深刻的认识，非遗传承活动为游客带来古人的智慧，通过线上方式举办的中秋晚会，吸引了数万人观看。河池市将传统民俗文化融入中秋主题活动，通过民间优秀的艺术作品展示、民俗美食节等方式，让游客切身感受到民间艺术的独特魅力。贺州市以汉朝文化为主题，推出一系列围绕汉文化的节目，姑婆山旅游区举办了第二届姑婆山汉服文化节，游客在旅游风景区内就可以观看汉服演出，聆听具有汉文化特色的古风古曲，欣赏戏曲、舞蹈、武术等，时空的错位变换，现代与传统的交织，让游客可以穿越千年时光，领略古时人们的诗意生活。崇左市推出祈愿中秋赏世遗的活动，游客通过非遗技艺的展示，可以感受千年前的骆越风情，从古法红糖水中可以感受古人智慧。

2. 红色旅游持续走红

近些年，红色旅游的热度高涨，人们对于红色旅游的需求度，以及红色文化的传承都保有相当大的热情。红色旅游以全家参与的方式为主，旨在对下一代进行红色教育,使其从小树立正确的人生观与世界观,感受激情燃烧年代革命者艰苦奋斗、开拓前进的理想与信念。其中,桂林市红军长征突破湘江烈士纪念碑园、红军长征湘江战役新圩阻击战纪念园、红军长征湘江战役纪念园三个红色旅游景区在中秋假日期间接待游客数量达 3.38 万人次,由此也可以看出,即使在假日期间,人们对于红色文化的重视程度也很高。

3. 少数民族旅游主题受追捧

对于少数民族传统文化的热爱,也是假日期间游客选择旅游地区的主要因素。少数民族因长久保持着传统的生活方式,以及拥有丰富而多彩的文化内涵,受到越来越多游客的青睐。柳州融水县梦呜苗寨景区民俗文化演出《苗谣》通过舞台艺术形式再现了苗族独特而神秘的婚嫁风俗;《苗魅》通过大型实景演出的方式,完整地呈现了苗族原生态文化的魅力,让人置身其中,穿越古今。三江县程阳八寨景区推出诸多侗族传统文化主题的活动,游客可以品尝侗族百家宴,欣赏侗笛演奏,切身体验芦笙踩堂、拦路迎宾等侗族所特有的民间习俗。

(二)住民宿和露营成为旅游出行新趋势

假日期间,住民宿和露营成为人们旅游出行新趋势。游客通过住民宿,可以深入地感受到当地人们的生活方式,体验不同文化所带来的独特感受。露营方式的兴起可以让游客更多地接触自然,感受大自然带来的新鲜体验。由于游客对于住民宿和露营很感兴趣,致使相关景区周边的精品酒店、民宿等一房难求,也带动了周边商业的繁荣发展。各个景区的露营区域、水边绿地等都可见到各色帐篷。以中秋为主题的第十二届桂林国际山水文化旅游节的"洄游山月·一帐露营会",在活动前期宣传阶段就已在网络上引发了不小的轰动,人们争相参与。露营会搭建了亲近自然的新场景,将美食、电影、运动、市集、非遗等各式活动板块整合在一起,融合中又有单一板块的具体展示,给游客带来全新的旅游体验。与此同时,一些知名的露营品牌参与其中,带动露营玩家与游客一同享受露营带来的乐趣,自然与乡村、人文与历史、美食与运动交织在一起,营造出一个内容丰富、娱乐纷呈、氛围浓厚的节日场景。

(三)周边短程旅游成为游客首选

在中秋假日期间,可以看到选择城市周边短途旅游的游客人数明显增长,自驾游是其主要的出游方式。桂林市漓东等经典自驾线路上的自驾车数量明显增多。游客在自驾游时不仅可以欣赏公路沿线的观景台、休闲驿站，感受桂林乡野的别样趣味，还可以欣赏到漓江沿岸的自然风光。

（四）各项旅游优惠措施不断推出

各地针对游客旅游出行的不同需求推出了一系列优惠措施，进一步刺激了中秋假日旅游市场的活跃度，带动当地文化的宣传与推广，以及拉动消费持续增长。南宁极地海洋世界针对儿童游玩需求，特别推出9.9元超值儿童票。百色市推出惠游百色的"一卡通"活动，游客198元购买一卡通，在一年的时间内可有5次进入"一卡通"所涵盖旅游景区游玩的机会。《百色市提振旅游消费促进旅业业恢复发展若干政策措施》的出台，也为假日期间旅游市场的激发起到推动作用。河池市南丹温泉景区针对教师推出88元公池泡浴的活动，罗城棉花天坑景区酒店推出2.8折大力度的优惠活动，以吸引游客前往。玉林市铜石岭国际旅游度假区针对区内12项游乐项目推出了99元的优惠套餐，可使游客尽情游玩。贺州市黄姚古镇景区推出9.9元特价套餐，包含黄姚诗画姚江景区竹筏游和黄姚花海酒店露营岛上岛费。形式多样的优惠活动刺激了本地以及外省市游客的广泛参与，也带动了当地旅游经济的蓬勃发展。

第四节　广西旅游节事活动发展现状分析

我国的节事活动已经经历了三十年左右的发展历程，相较于先前，现在已经进入相对成熟的发展阶段。首先，节事活动在主题上越来越丰富，内容更多样，有的以文化为主题，有的以自然风光为主题，有的以民俗为主题，有的以特色农业为主题等，表现出活动的主题与功能综合化的发展趋势。其次，旅游节事活动的影响力和规模越来越大，尤其值得一提的是2008年北京奥运会和2010年上海世博会的成功举办，把我国旅游节事活动的影响力和规模推向了一个新的高度。最后，旅游节事活动"以节招商，文化搭台，经济唱戏"的操作模式，推广了一批具有地方和民族特色的旅游产品和旅游资源，城市的整体形象也在不断更新，社会事业和经济发展都得到很大程度的促进。旅游节事活动在国内不断向前发展，甚至旅游节事活动成为当地政府政绩的一个主要方面。

广西旅游节事活动虽已举办多年，并且旅游节事活动的种类和形式也丰富多样，但在旅游节事活动的举办过程中，仍存在一些有待改善之处，经过综合分析，可以从以下五个方面来详细阐述，如图 3-8 所示。

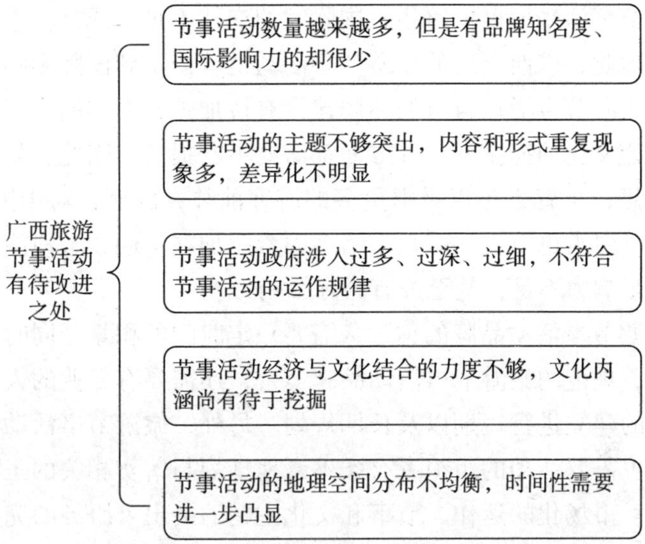

```
                    ┌─ 节事活动数量越来越多，但是有品牌知名度、
                    │  国际影响力的却很少
                    │
                    ├─ 节事活动的主题不够突出，内容和形式重复现
                    │  象多，差异化不明显
   广西旅游         │
   节事活动    ────┼─ 节事活动政府涉入过多、过深、过细，不符合
   有待改进         │  节事活动的运作规律
   之处             │
                    ├─ 节事活动经济与文化结合的力度不够，文化内
                    │  涵尚有待于挖掘
                    │
                    └─ 节事活动的地理空间分布不均衡，时间性需要
                       进一步凸显
```

图 3-8　广西旅游节事活动有待改进之处示意图

（1）节事活动数量越来越多，但是有品牌知名度、国际影响力的却很少。广西各地政府重视旅游节事活动，各地根据自身情况也做了大量有关旅游节事活动宣传推广的工作，人们对于广西本地旅游节事活动品牌也有了一定的认识与理解，且旅游节事活动的普及度不断增强。但大部分旅游节事活动品牌的知名度较低，国际影响力不高。旅游节事活动所形成的自己的品牌数量也在不断增加，但节事活动的质量却参差不齐，参与的各方，节事活动的承办者、组织者、赞助商等，借助政府的支持、市场的巨大需求，急于布局旅游节事活动领域。有些本应该在前期做足充分准备、做好前期规划的相关事项，由于急于求成，不可能在很短的时间将各种工作都做到位。还有一些承办者在前期没有一个长远规划，抱着边干边看的想法从事旅游节事活动。因此，旅游节事活动缺乏一个明确的目标，在发展过程中失去方向性。而这些因素都可能影响旅游节事活动的正常发展。旅游节事活动的组织者只看重眼前利益，只一味追求近期的利益，跟着热度走，没有认真地考虑节事活动经过前期的准备阶段后，后期如何可以更好地发展。另外，组织者对于旅游节事活动的中长期资金投入情况不甚了解，对于活动的运营，感性多过理性，不能够系统而实际地解决出现的一些情况和问题。加之，活动组织者没有全面而系统的组织旅游节事活动的经验，对广西当地文化的理解和挖掘

不够，对活动的认知与了解不充分。

广西当地有些旅游节事活动还处于初期承办阶段，仍在探索国内市场以及旅游节事活动发展的路径，国际间的交往不足，或是根本没有国外交往的实践，因此，广西当地的旅游节事活动也就谈不到国际影响力的问题。另外，一些旅游节事活动自身的品牌建设有待加强，内容的丰富度、形式的多样化、本地文化的挖掘深度等方面都需要不断提高。因此，旅游节事活动自身质量不足，也就不足以吸引更多的游客前往，因而，对于国外游客来说，其活动的吸引力也就无法满足。诸多因素叠加在一起，致使旅游节事活动的整体国际影响力不足，甚至没有国际影响力。

但旅游节事活动品牌的创建，需要一定时间的积累，同时，也更需要专业、系统、规范的旅游节事活动品牌运营，还需要有专业的人才对旅游节事活动品牌的建立进行短期以及长期规划。另外，旅游节事活动的国际影响力的提升，也需要活动的组织者有条不紊地规划与落实相关的工作，通过专业化的管理、市场化的运作、节事和文化主题的突出、服务的完善等一系列措施来不断积累旅游节事活动的经验与扩大市场影响力。

（2）节事活动的主题不够突出，内容和形式重复现象多，差异化不明显。节事活动的主题不够突出，主要由于活动组织者对广西当地文化的挖掘不够深入，对广西当地的文化和历史了解得不够全面和深刻，只是抓取了当地民族文化中的表面元素进行呈现。有的旅游节事活动的组织者只是模仿其他节事活动的内容和形式，在模仿的时候，也只是更多地关注活动所呈现出的表象，而没有更深入地学习和理解节事活动运营的深层逻辑，致使活动的组织者在举办和运营活动时，只有表面化的形式，而没有实质性内容。游客参与其中，只能感受到简单活动的娱乐性，感受不到节事活动的文化性、民族性、丰富性、层次性等方面。因此，也就造成旅游节事活动在旅游市场上的评价越来越低，旅游节事活动的发展也无法更好地向前推进。

由于旅游节事活动的组织者在前期没有更多规划，或是没有更多地对旅游节事活动进行相应投入，不管是资金和人力方面的投入，还是文化挖掘等方面的投入，因此，最终旅游节事活动呈现出同质化的情况。另外，需要指出的一点是，如果想要在活动的内容和形式上有所创新，对于活动的组织者来说，不是一件容易做到的事，需要花费组织者大量资金和精力，同时，还需要相关方面的专业人才。

（3）节事活动政府涉入过多、过深、过细，不符合节事活动的运作规律。节事活动可以由政府进行主导，由政府进行组织和规划，但政府在此时只可发挥引导和统筹协调的作用,而不应针对旅游节事活动参与得过多、过深、过细,宏观或微观事项都由自己负责,事无巨细。旅游节事活动想要进行市场化运作,政府就需要减少对旅游节事活动的过度干预。

有时,政府对于旅游节事活动来说,管理的范围过宽,例如,过度限制旅游节事活动的经营范围;过度限制旅游节事活动的市场定价;规定旅游节事活动的组织形式以及活动内容;规定旅游节事活动的规模等。政府的引导作用,只需要把控节事活动的大方向,负责大面的事,而不用照顾到节事活动的方方面面。

政府只有将管理和经营的权限最大限度地下放到活动的组织者,让市场来检验旅游节事活动的运营效果,才能够让旅游节事活动良性地运转。旅游节事活动的市场化有其自己的运行逻辑,一些规范旅游市场的制度、流程、方法等,都可以较完善地为旅游节事市场提供一个系统、良性、公平的竞争环境,而只有经得起市场检验的旅游节事活动,才可以真正地、持久地、健康地向前发展。

(4)节事活动经济与文化结合的力度不够,文化内涵尚有待于挖掘。节事活动的组织者举办一场旅游节事活动,其目的主要在于从旅游节事活动中获取尽可能多的经济收益,同时,还希望可以通过活动的举办,来进一步扩大旅游节事活动的影响力。若活动的组织者只是一味地追求节事活动的经济收益,而忽略了旅游节事活动自身的文化属性,游客参与其中时,不能够深刻地感受到旅游节事活动的文化特性与地域特色。活动组织者需要将旅游节事活动的经济效益与文化因素进行有力结合,虽然从近期和表面上看,旅游节事活动的文化因素不会带来明显的经济效益,但从旅游节事活动的长远角度来考虑,文化因素起到重要的作用,并且这一作用可以持续地产生长效的影响。在旅游节事活动举办的初期,活动的组织者可能需要通过营造旅游节事活动的文化氛围来吸引游客,游客感知旅游节事活动的内涵需要一个过程,但文化因素所产生的积极效应可以持续性向后传递。广西旅游节事活动的重心应当是旅游节事活动的文化特征,而其所产生的经济效益只是最后所产生的结果,当活动组织者把活动内在的一些事项不断进行完善,其后的一些效果和收益也会顺其自然。

旅游节事活动的组织者的情况不同,所考虑的方面不同,因此,举办的旅游节事活动所呈现出的效果也不尽相同;前文已经有所提及,有的活动组织者只是看重眼前利益,很少为旅游节事活动做长远发展打算;有的活动组织者只着重旅游节事活动举办是否易于操作,是否可以利用最短的时间构建起旅游节事活动的整体框架，以最快的速度开启旅游节事活动的运营，生产效益。一些旅游节事活动的组织者没有过多的时间和精力来进行广西本地文化内涵的深度挖掘，组织者也就没有将广西地方文化融入旅游节事活动的意识。或者，有些活动的组织者虽然存有挖掘文化内涵的意识，却没有相应的能力和财力去完全兑现这种意识。因此，最后呈现的旅游节事活动的效果，是旅游节事活动的文化内涵挖掘程度和力度不够，活动只游于表面的形式，没有更深的文化性、民族性、地域性的呈现。

（5）节事活动的地理空间分布不均衡，时间性需要进一步突显。广西旅游节事活动的地理空间分布，有一些过于集中，有一些过于分散。旅游节事活动的地理空间分布应当合理，每一个旅游节事活动都有其主要的影响范围，在这个范围内，旅游节事活动具有较大的影响力。而随着与旅游节事活动举办地的距离变大，旅游节事活动的影响力逐渐变弱。但利用现代信息技术，广西旅游节事活动可以在线上进行广泛传播，因此，这也影响了传统意义上的活动辐射范围，在线上，旅游节事活动的辐射范围成为扁平化空间，在世界每个角落的人都可以接触到同样的信息。其中，地理空间分布所能产生的影响，主要考虑到广西实地参与旅游节事活动的成本和可行性问题。假若广西旅游节事活动平移到线上，则不存在所谓的地理空间分布的问题，在线上的每个访问旅游节事活动平台的游客和网民都有同样机会来欣赏和参与旅游节事活动，并且参与旅游节事活动的成本都相同。

广西旅游节事活动的时间性是组织者重点要考虑的一个活动举办的因素，像"壮族三月三"节，每年都有固定的举办时间，其他传统的民族节事活动通常也有其固定的举办时间，有些组织者只是考虑自己举办的旅游节事活动的时间性，而没有过多考虑其他旅游节事活动的举办时间和期限。旅游节事活动之间在时间性上可能会相互影响，如果两个旅游节事活动的举办时间相冲突，一名游客只能参加其中一个旅游节事活动，而不可能同时参加两个或多个活动。因此，活动的组织者在举办旅游节事活动前应当慎重地考虑活动的时间性问题，将旅游节事活动的时间性进行突出，尽可能地避免与其他旅游节事活动的举办时间相冲突，尤其是尽量避免与类似的旅游节事活动的举办时间相重合。

广西旅游节事活动的组织者还应当注意活动举办频率的合理性，活动举办的密度不应过于密集，也不应过于稀疏。若活动举办的密度过于集中，则旅游节事活动的稀缺性变得不明显，活动组织者有可能不能在每次活动中提供新颖的、创新性的活动和内容，从而逐渐失去游客的追捧。当然，这需要根据旅游节事活动自身举办的具体情况来确定，假若每次旅游节事活动的举办效果都很火爆，并且活动本身有着其他旅游节事活动无法取代的独特性，则活动的组织者可以适当增加旅游节事活动的举办频率。

有些旅游节事活动的组织者并没有将旅游节事活动的时间性问题作为活动组织的侧重点，甚至有的组织者也没有时间性方面的意识。活动组织者对旅游节事活动时间性的宣传推广力度不够，而将更多精力放在活动的内容、形式、服务等方面上。旅游节事活动的时间性可以当作旅游节事活动的品牌形象，组织者并没有将节事活动的时间性与节事活动产品的品牌进行联结，致使旅游节事活动所需要重视的时间性脱离了节事活动产品品牌形象。

对于旅游节事活动来说，其空间性和时间性是两个重要因素，旅游活动的组织者往往对其重视程度不够，在旅游节事活动举办前期往往不能够充分将这两个因素进行综合考虑，致使后续旅游节事活动举办的相关工作在一个相对偏离的轨道上操作。

第五节　影响广西旅游节事活动发展的因素分析

上文已经对广西旅游节事活动发展现状进行了初步分析，本节将从六个方面对广西旅游节事活动发展的影响因素进行分析，如图3-9所示。

广西旅游节事活动发展的影响因素分析
- 政府引导与市场资源利用率有待提升
- 广西文化内涵的挖掘不足且主题特色不突出
- 旅游节事活动品牌知名度有待提升
- 区域内节事资源欠缺系统而有效的整体规划
- 旅游节事活动的时间性意识有待提高
- 旅游节事与其他旅游产业的结合度有待增强

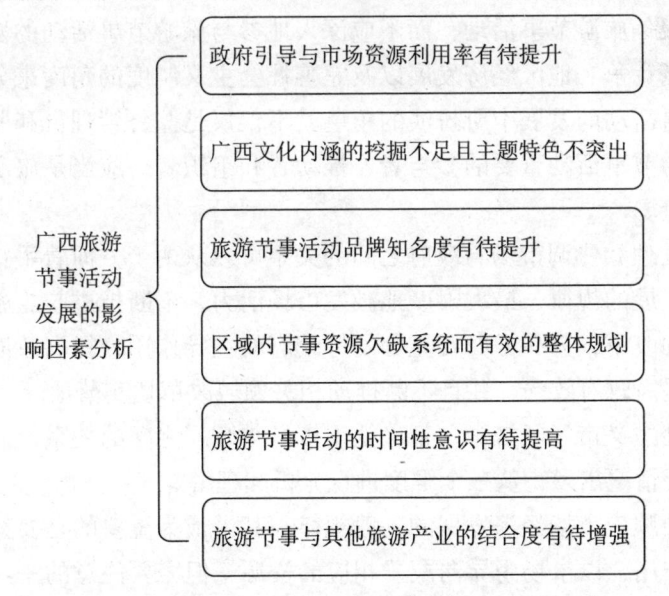

图3-9　广西旅游节事活动发展的影响因素分析示意图

一、政府引导与市场资源利用率有待提升

广西旅游节事活动在发展过程中，政府在其中的引导作用有待提高，政府可以充分发挥其统筹协调能力，将各方资源进行充分整合，为旅游节事活动提供足够资源。另外，当地对市场资源的利用率不高，一些市场资源没有得到充分利用，市场资源的使用方式和利用效率也有待提高。有的市场资源只是在浅层次进行了开发和利用，而没有更深入的挖掘和使用，使市场资源没有发挥出其应有的作用和影响。

市场与政府的关系，其中的关键点在于进行资源配置的过程中，是政府发挥决定性的作用，还是市场发挥着决定性的作用。我国对外开放和经济体制改革的过程，始终都围绕着如何正确认识和处理市场与政府之间的关系。市场与政府是历史与社会的范畴，在不同的历史发展阶段以及社会制度下，市场与政府的地位、性质以及相互关系都不尽相同，二者一直处于动态变化的状态。

在如今市场经济制度下，政府的作用已不再局限于"守夜人"的角色，而是广泛而深入地涉及社会经济的各个领域中，政府引导能力的强弱已成为决定一个国家在国际上竞争力强弱和国际地位高低的决定性因素，小政府、大市场的自由主义已经成为过去时。

从市场交易、市场行为、市场竞争的角度来考虑，政府所发挥的作用应是监管和服务旅游节事活动，而不应深入地参与旅游节事活动的发展。但若从国际市场竞争、地区经济发展以及完善社会主义制度的角度来分析，政府在旅游节事活动的发展中所扮演的角色就不仅仅是监督管理员和服务员，而应当是旅游节事活动重要的参与者、推动者和组织者，应当是旅游节事活动的主导力量。

正确处理和协调市场与政府之间的关系可以从两个方面着手：一方面要顺应市场发展的规律，最大限度地激发市场活力，不断推进与旅游节事市场相关领域的改革；另一方面要充分发挥政府的主导作用，提高政府统筹协调的能力，提高政府效率，并且不断推动相关领域改革切实落地。

在社会主义市场经济中，正确认识市场与政府之间的关系，需要从中国的实际发展情况出发，从三个维度进行分析和理解。

一是要顺应市场经济发展的一般规律，其中最为重要的是要充分发挥市场机制的作用，以市场为导向配置相应的资源。但需要注意的一点是，即使是在完善而成熟的市场经济中，政府在市场中发挥的作用也是至关重要的。

二是依据我国现有的国情以及所处的发展阶段来看,在世界范围内,我国仍然是发展中国家中的一个大国,生产力发展仍存在诸多可提升之处,二元结构依然将长期存在,市场经济的完善和成熟仍然需要经过一个长期的发展过程。政府在这其中应当发挥更重要的作用,政府应当引导、监督、管理、统筹、协调市场资源和市场活动的行为。

政府应当选择正确的发展战略,统筹协调好国民经济中重要的比例关系,指明国民经济的发展方向,不断推进现代化和工业化的发展进程,进而促进社会和经济的全面协调和可持续发展。

三是以我国的基本制度为中心。社会主义市场经济的发展与社会主义基本制度有着密切的关联性。一方面市场机制需要发挥出灵活调节、有效激励、高效率、高信息灵敏度的优势;另一方面社会主义市场经济应当充分发挥独立自主、统筹兼顾、共同富裕、计划调节、生产资料公有制、按劳分配等制度上的要求。

随着我们对市场经济规律的认识和把控能力的不断提升,国家宏观调控措施逐步到位,宏观调控体系趋于完善,各方面主观和客观条件也更加成熟,社会主义市场经济体制应当迈上一个新台阶。从实践背景上看,国际上大的经济环境和国内的发展环境发生了较大的变化,这也使我国经济不得不加快转型升级的速度。

我国应当不断增强创新能力和经济发展活力,有时,政府对市场资源配置的干预方式不适宜、市场本身的功能不能正常发挥,经济发展可能会出现暂时的不可持续性。由市场来决定资源的配置方式和配置的落实,可以通过市场交换形成合理的市场分工和市场协作,而其所形成的社会生产机制也会更趋于合理性。

通过市场竞争的方式,可以对在市场活动中表现优劣的企业或公司进行筛选,鼓励良性竞争,鞭策或淘汰落后产能。通过市场价格,合理调配供需关系,让资源配置更趋于高效,实现以更少的投入获得最大的产出。因此,在市场经济活动中,竞争、价值规律、供求关系是市场决定资源配置的本质要求。

我国经济体制改革在大方向上遵循着市场决定资源配置的一般规律,并在此基础上,不断进行深化改革,这也在很大程度上推动了我国社会和经济不断取得举世瞩目的成就。社会主义可以与市场经济进行有效结合,为市场经济提供制度上的优势,而市场经济又为社会主义带来了发展的生机和活力。

二、广西文化内涵的挖掘不足且主题特色不突出

日前，国家文化公园建设工作领导小组印发了长城、大运河、长征国家文化公园建设保护规划，进一步明晰了国家文化公园建设的路线图，为沿线省份完善建设保护规划、推进国家文化公园建设提供了科学指引。

建设国家文化公园是推动新时代文化繁荣发展的重大工程，是史无前例的创新之举，意义非凡、影响深远。不论是巍峨的万里长城、跨越千年的大运河，还是伟大的二万五千里长征，都凝聚着中华民族的奋斗精神和爱国情怀，是中华民族的代表性符号和中华文明的重要象征，具有超越古今的持久影响力，一代代中华儿女不断从其中汲取着奋进的精神力量。

对长城、大运河、长征国家文化公园建设做出安排部署，是党中央推动新时代文物和文化资源保护、传承、利用的战略决策，也是建设社会主义文化强国、提升国家文化软实力的重要抓手。在推进文化强国建设的进程中，我们应利用丰富的文物、文化资源，让历史说话、让文化传承，推动中华优秀传统文化创造性转化、创新性发展，充分彰显中华优秀传统文化持久影响力、革命文化强大感召力、社会主义先进文化强大生命力，进一步坚定文化自信。

建设国家文化公园是国家实施的重大系统工程，涉及沿线多地，必须加强整体统筹、推进高质量发展。国家文化公园建设要坚持国家站位、突出国家标准，凸显中国特色、中国风格、中国气派；要深入挖掘文物和文化资源精神内涵，充分体现中华民族伟大创造精神、伟大奋斗精神、伟大团结精神、伟大梦想精神；要创新公园化管理运营，创造富有地域风情、文化特色的文创产品，使长城、大运河等蕴含的丰厚历史文化资源进一步鲜活起来。

文物古迹和文化遗产不可多得、不可再生，建设国家文化公园要坚持保护优先、强化传承的原则，严格落实保护为主、抢救第一、合理利用、加强管理的方针。以长城、大运河沿线一系列主题明确、内涵清晰、影响突出的文物和文化资源为主干，统筹抓好保护传承、研究发掘、环境配套、文旅融合、数字再现等重点工程；突出活化传承和合理利用，严防不恰当开发和过度商业化，促进优质文化旅游资源一体化开发，以旅游驱动沿线经济和社会发展，优化城乡文化资源配置，使国家文化公园建设与人民群众精神文化生活深度融合、开放共享，努力探索出一条新时代文物和文化资源保护传承利用的新路。

人们对文化的诉求可以从三个方面来呈现。

（一）追求"乡愁"

2013年12月，习近平总书记在中央城镇化工作会议上指出："城镇建设，要实事求是确定城市定位，科学规划和务实行动，避免走弯路；要体现尊重自然、顺应自然、天人合一的理念，依托现有山水脉络等独特风光，让城市融入大自然，让居民望得见山、看得见水、记得住乡愁。"许多乡村旅游者从小生活在农村，通过考学、经商、入伍等方式进入了城市并留在城市工作，成为城市居民中的一员，城市交通拥挤、高楼林立、环境污染和工作压力大，使他们想远离城市，回到乡村，找回儿时心中的"乡愁"。

（二）追求"悠闲"

城市生活节奏快、工作压力大以及生活成本高，因此城市居民渴望农村悠闲自在的生活。所以，在乡村旅游接待中，要尽量体现出"悠闲"的感觉，使游客在大自然中放松身心。

（三）突出"参与性"

旅游活动的一个突出特点就是游客参与其中，特别是乡村旅游，游客为了放松心情，体验农村生活，学习从事农事活动，在学习和体验中了解农村生活，享受乡土乐趣。乡村旅游景区应结合当地实际，开发能够使游客放松身心、尽情融入大自然的参与体验性产品，让游客参与其中，共同劳动。不管在田间劳作还是在果园采摘，都能在劳动中增长知识，更能促进家人之间的沟通与交流，增进感情。

旅游是一种多元产业，旅游景区的持续发展需要进行主题化策划，突出景区的灵魂与主线。鲜明的主题是旅游景区的旗帜和形象，是景区内涵的具体化，也是旅游景区策划的核心。因此，旅游景区通过主题策划，强调"主题"的主导作用，使与"主题"相关的各种资源在有限的空间里高度聚集，形成一个整体，集聚吸引力，实现区域旅游经济的快速发展。主题策划是旅游景区开发的关键所在，任何一个旅游景区都应有其特定的主题。

在旅游规划中一个旅游景区可供选择的主题线索非常多，如何提炼出既能体现景区资源特色，又能迎合旅游市场需求的主题类型是旅游景区开发中的首要问题。旅游景区主题选择取决于景区的地脉、文脉和人脉。在主题化策划过程中，以环境调查、提炼亮点、主题选择、主题项目策划为路径，确定旅游景区发展主题，如图3-10所示。

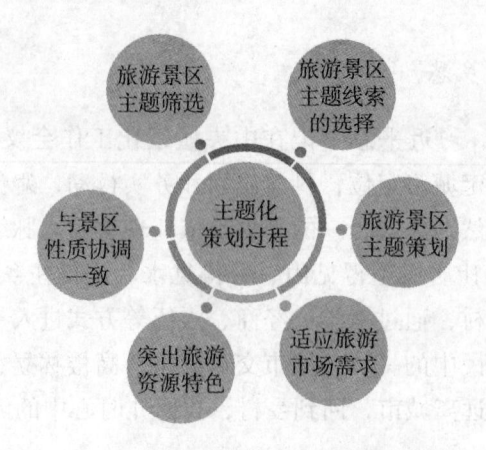

图 3-10　广西旅游节事活动主题化策划过程示意图

（1）旅游景区主题筛选。旅游景区规划的核心是旅游景区主题的筛选，在旅游景区规划前，通常有多个主题可供选择。旅游景区从旅游资源的组成上来看，通常并非由单一的资源所组成，而更可能由诸多类型的资源所组成，如历史文化、民族风情、自然风光等。对于广西旅游节事活动的主题策划，因其拥有丰富的旅游资源，其可供选择的主题范围也较广。旅游节事活动的组织者应当根据自身实力以及当地的旅游节事资源的条件来确定活动的主题，深入挖掘当地历史和文化，确定明确的主题，并要突出主题的特色。

（2）与景区性质协调一致。景区的性质通常是由自然风景资源、景区的区位优势、景区主体，以及该景区在一定的旅游区域中的地位和分工决定的，其表现在地位、作用、功能等方面。旅游景区性质主要由两个方面所决定：一是构成旅游景区或是旅游节事活动区域的特征和类型；二是旅游景区或是旅游节事活动区域在区域旅游系统中的地域分工。通俗来说，旅游景区的性质不仅与本区域内旅游节事资源自身特色有密切关系，同时，旅游景区的性质还要符合区域旅游产业的总体发展规划。

（3）突出旅游资源特色。旅游资源的特色是旅游节事活动目的地较为重要的竞争力，也是吸引游客前往游玩的关键因素。旅游节事活动的主题策划不能只停留在旅游节事资源的表面特征上，而要对本地区旅游节事资源进行深入挖掘，要侧重于抽象的人文要素的深入发掘和利用，也要在整体上对旅游节事资源特色进行把握。旅游节事活动的组织者应当在旅游节事资源的数量、品味、类型上进行全面而系统的分析，可以通过调查和客观评价的方法，将所拥有的旅游节事资源进行横向和纵向对比，明确本地区旅游节事资源在附近区域或是更广范围内的定位,以指导后续旅游节事资源特色的开发和利用。

(4)适应旅游市场需求。旅游景区产品的主要原材料是旅游资源,旅游资源本身并不是旅游产品,而是需要经过开发和整合过程,才可以将旅游资源打造成旅游产品。旅游节事市场决定着旅游节事产业未来发展方向、发展速度、发展规模以及发展前景。旅游节事活动举办地需要进行准确而细化的市场定位,以目标市场的实际和潜在需求为定位方向,深入地调查、分析、筛选、研究、评价以及开发旅游资源,提炼出旅游节事活动开发的主题,推出满足市场需求的旅游节事活动产品。

(5)旅游景区主题策划。旅游景区主题策划的步骤可分为三步:首先,确定旅游景区性质并对旅游景区旅游资源与客源市场进行调查分析,在此基础上提炼可供选择的主题线索;其次,主题线索与周边区域已开发景区的主题类型进行对比,按避同求异、互利互补的原则确定该旅游景区主题类型;最后,针对客源市场需求调查对所选择的主题类型进行可行性分析,检验是否与旅游市场需求相一致。

(6)旅游景区主题线索的选择。对于旅游景区来说,可供选择的主题线索对于资源依托型旅游景区来说,考虑的因素包括旅游资源的重要程度、突出程度、数量、体量以及其延伸性和引导性;对于市场依托型旅游景区来说,考虑的因素有生态文化、传统文化及现代文化。可以看出,以上主题类型的选择线索其选择次序至关重要,对于一个景区来说确定其可供选择的主题要比主题的取舍容易得多。由于人们对旅游景区中哪些特征的资源最能体现景区特色的认识是不一样的,排序不同,主题遴选的结果也会截然不同。

从以资源为基础、市场为导向的旅游规划原则,以及突出景区特色的旅游规划原则出发,可供选择的主题类型的排序应注意突出资源特色。因此,可供选择的主题线索选择次序如图3-11所示。

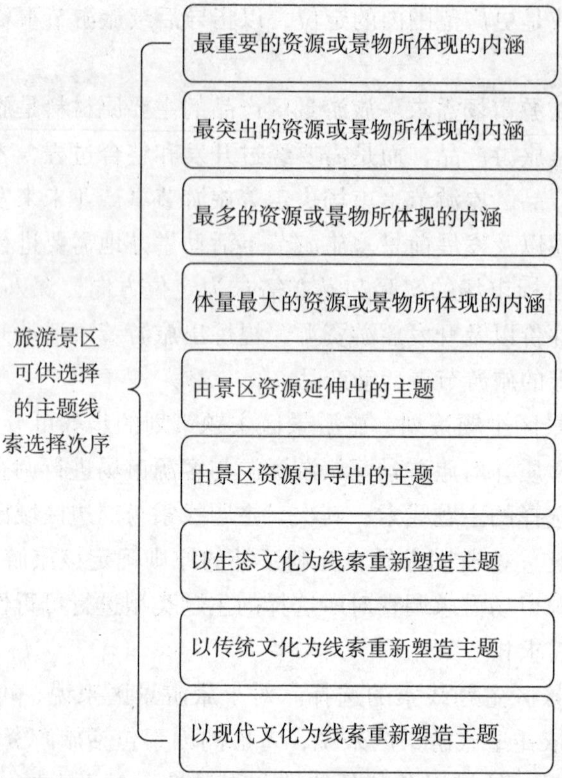

```
                          ┌─ 最重要的资源或景物所体现的内涵
                          │
                          ├─ 最突出的资源或景物所体现的内涵
                          │
                          ├─ 最多的资源或景物所体现的内涵
                          │
          旅游景区        ├─ 体量最大的资源或景物所体现的内涵
          可供选择    ────┤
          的主题线        ├─ 由景区资源延伸出的主题
          索选择次序      │
                          ├─ 由景区资源引导出的主题
                          │
                          ├─ 以生态文化为线索重新塑造主题
                          │
                          ├─ 以传统文化为线索重新塑造主题
                          │
                          └─ 以现代文化为线索重新塑造主题
```

图 3-11　旅游景区可供选择主题线索的选择次序示意图

三、旅游节事活动品牌知名度有待提升

近年来，随着国内旅游节事活动发展逐渐火热，旅游节事活动受到国际国内旅游业界的高度关注，取得了快速发展。但旅游节事活动的品牌知名度却相对较弱，活动组织者的旅游节事活动品牌意识不足，没有深刻地认识到活动品牌的重要性。

为进一步打造旅游节事活动形象品牌，提升品牌知名度，形成旅游资源产品整体宣传效应，推动旅游业平稳较快发展，制定出旅游资源产品联合推介捆绑营销方案。

（一）指导思想

依据"做强'中国秘境'旅游品牌、把旅游业培育成国民经济新兴支柱产业与第三产业龙头"的战略要求，以《旅游业进展与布局总体规划》为指导，做好旅游市场宣传与营销工作，精确把握自身优势和市场进展方向，引用和拓展先进理念,运用现代技术手段,构筑立体化宣传促销模式,引领旅游时尚趋势,推动旅游业健康可持续发展。

(二)目的效果

零散营销以及缺乏必要的统一协调管理是出现较多的问题。结合国内外旅游市场进展新趋势,旅游节事活动的组织者需要不断创新营销体制与机制,步调一致,有目标地推行"联合推介,捆绑营销"的管理模式,以聚合资源,打造大旅游品牌,达到事半功倍的效果。力争形成旅游节事活动拳头产品,实现市场规模化推介营销体系。

(三)组织机构

由政府机关、管委会、旅游相关部门以及旅游企业主要负责人共同组成领导小组,开展旅游营销工作。领导小组办公室设在旅游局,负责旅游营销的日常工作。

(四)具体措施

1. 统一思想,形成合力

"联合推介,捆绑营销"是旅游宣扬营销实行的一种新模式,广西当地要高度重视,主动协作,汇合思路,集中力量,做强旅游节事活动品牌,推动旅游业快速健康发展。

2. 整合资源,共同打造

旅游局在征集当地意见及综合分析旅游市场的基础上,按年度集中购置不同的宣传媒体广告资源,联合当地进行宣传。整合旅游产品,变单点促销为整合营销,将旅游资源产品打包营销,"出亮点、创新意","抢市场、重整合",共同开拓、做大旅游市场。

3. 捆绑资金,提高效率

广西要加大财政投入力度,每年预算支配旅游宣扬营销专项资金,以最少的资金投放,取得更优、更显著的宣传效果。"联合推介,捆绑营销"的费用可以由旅游节事活动的组织者通过各种渠道筹集。

4. 按需出资，确保效果

旅游节事活动举办地每年应将宣传媒体费用提前预留出，确保旅游宣传广告的准时投放。

四、区域内节事资源欠缺系统而有效的整体规划

广西区域内有大量的节事资源，而这些节事资源缺乏系统而有效的整体规划，使一些节事资源不能得到充分利用。一个景区的规划编制要经历总体规划、控制性详细规划、修建性详细规划三个阶段，完成这三个规划正常需要一年半到两年时间。从开发商角度考虑，他不可能等三个规划都评审完后才开始动工建设，他的要求是以最少的钱、在最短的时间里做一套实用的、可以马上操作的方案。根据这种市场趋势，以更好地服务开发商为根本出发点，符合景区开发建设需要，从十二个方面进行探讨如何让旅游节事活动规划实用化，如图3-12所示。

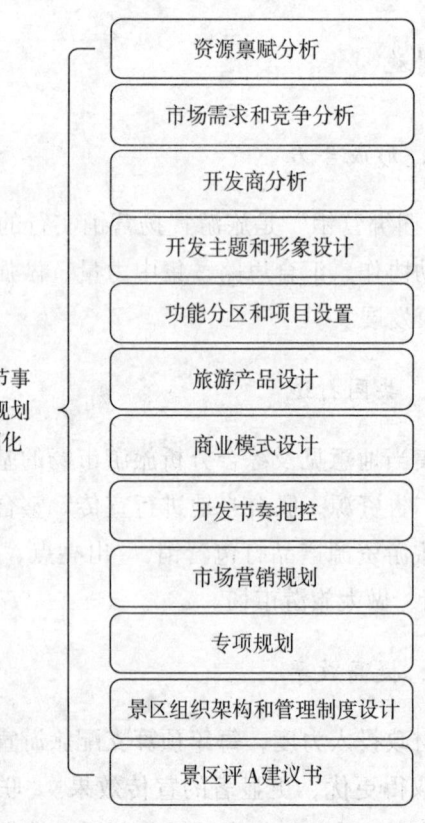

旅游节事活动规划实用化：
- 资源禀赋分析
- 市场需求和竞争分析
- 开发商分析
- 开发主题和形象设计
- 功能分区和项目设置
- 旅游产品设计
- 商业模式设计
- 开发节奏把控
- 市场营销规划
- 专项规划
- 景区组织架构和管理制度设计
- 景区评A建议书

图3-12 旅游节事活动规划实用化示意图

（一）资源禀赋分析

所谓的资源禀赋分析不是仅仅对景区资源的详细罗列，而是要求在大区域范围内对景区资源进行相关性比对分析，挖掘、整合、延伸出具有唯一性、第一性和专一性的特色产品。

（二）市场需求和竞争分析

对于市场需求和竞争分析，旅游规划不能仅就宏观市场、客源定位和客源数量预测三方面进行初步研究，这种研究距离实际操作甚远，应该就三个层面进行深入分析。

1. 市场层面

分析市场在流行什么、市场有什么、市场还缺什么、市场在哪个层面上竞争四个内容。

2. 竞争对手层面

分析竞争对手概况（项目的区位及周边环境、规划布局、建筑风格、项目卖点、项目的配套设施与服务、运营管理）和市场反应（分析竞争对手项目的营销策略、实际销售及经营状况和项目的优劣势）。

3. 消费者层面

主要界定客源区域、预测其数量，分析其消费特征，找出消费敏感性之所在。旅游节事活动的组织者可以研究房地产策划中的类似章节，形成适合景区需要的相关内容，最好研究其策划提案，因为其中所涉及的内容均落在实处，虽然领域不同，但方法论是相通的，值得借鉴。

（三）开发商分析

开发商分析主要是从四个角度进行分析：开发商投资意图、初步的开发构想、经济实力和操作能力分析。开发商在投资一个景区时基本上都会有投资意图和初步的开发构想，规划方的任务是为开发商的初步开发构想从专业角度进行把关、深化、延伸和落地。这里提出要增加开发商的经济实力和操作能力分析的目的是对旅游区开发主题和旅游产品设计在操作层面进行校正。任何旅游规划和旅游策划最终都要落实到开发商去操作，项目规划和策划得再好，如果超出开发商的实际操作能力，一切都是空的，也是现在规划无法实施、被置之高阁的内在原因。规划方和开发商必须深刻沟通，这个沟通不只是上层领导间的沟通，课题组全体成员都必须参与其中。

（四）开发主题和形象设计

开发主题和形象设计是旅游规划中最薄弱的地方，普遍做法就是一个形象定位加上一句宣传口号，只有少数规划中会增加一个景区标识设计。形象定位和宣传口号最常见的就是比附定位法，相互模仿，不能抓住景区的灵魂以及无法找到景区独一无二的特征，策划中的唯一性、第一性和专一性，最容易被专业策划人轻视。开发主题设计中应当针对项目个性进行大区域范围内的概念采购和本地化的项目体现，简单来说，就是把类似项目的成功开发经验应用到自身项目开发之中。旅游规划或旅游策划比拼的是规划者或策划者的信息和资源的利用率及其视野和眼光。旅游节事活动组织者规划或策划时，心中必须有一套详细而清晰的项目开发思路流程图。形象设计部分可以多向品牌策划机构学习，参考一些旅游节事活动方面的资料或书籍。

（五）功能分区和项目设置

功能分区和项目设置是开发主题和旅游产品设计的落脚点，是旅游规划的重头戏。其是否可以独立形成图文并茂的景区设计任务书，甚至根据开发商要求和设计深度进行出图。由于设计图册都是静态的内容，因此应当再设计一套动态的活动表演方案，做到静态设计丰富的同时，动态表演同样精彩。

（六）旅游产品设计

规划中都会涉及旅游产品设计章节，而且篇幅通常很大，旅游产品罗列众多，似乎不罗列出这么多产品，便无法显示规划方的水平，不能显示资源的丰富和厚重。但要考虑一个问题，规划方设计了这么多旅游产品是否都有市场？是否都具备竞争力？是否是投资方会操作的？选择产品设计上必须结合资源禀赋分析、市场需求和竞争分析、投资方的实力和能力分析，以及投入产出分析进行综合考量，哪些是核心产品，哪些是辅助产品，哪些产品先推，哪些产品后推，哪些产品必须充实提升，哪些产品必须抛弃，这是策划学中提到的"加法、减法、乘法和除法"。规划需要解决的是：景区最合适开发哪些产品，而不是景区能开发哪些产品。对于旅游产品设计上，各方都应当侧重于创意,其核心问题是:如果没有系统的思考、动态的把控,任何的创意只会是一个局部的点,这个局部的点是局限的、不稳妥的,不能用于景区发展。

(七)商业模式设计

商业模式设计核心内容是景区赢利模式设计和投入产出分析,解决景区需要投多少钱,投往何处,哪些项目可以开发商自己建设、自己运作,哪些项目只要建好出租,哪些项目需要引入新的合作伙伴,从哪里赚到钱,何时是盈亏平衡点的问题。对于旅游地产项目来说,还要明确哪些地块必须购买,哪些地块只要租赁,其费用多少。景区赢利模式设计和投入产出分析是开发商的关注点,规划方案中至少要出现投资估算表、流动资金估算表、资金筹措及计划使用表、全投资现金流量表、资金来源与运用表、资产负债表、借款偿还表、损益表、销售收入和销售税金计算表、成本与费用估算表、固定资产折旧计算表、无形资产和递延资产摊销表、敏感性分析计算表等13张表格。

(八)开发节奏把控

目前景区开发正呈现投资规模越来越大、建设周期越来越长的趋势。在这种情况下,规划中必须对建设项目进行分期,清晰、准确地把控开发节奏。规划不仅要提出短期、中期、长期建设项目,还必须明确所启动的项目。这个启动项目必须是:一能马上有好的赢利,二能快速形成市场的示范效应,三是对后续项目具有明显的带动作用,要有"连环炮"的效果。寻找启动项目就是策划上经常提到的寻找项目引爆点。寻找启动项目是最难的,因为它决定项目的成败。也许景区前景很好,赢利很大,但开发商如何走过最艰苦的开发初期,这就必须找好、找准启动项目。规划中,阶段性项目的接点与阶段性项目的接点之间如何连接必须提前设计好,否则项目开发延续性容易发生断层。

(九)市场营销规划

市场营销规划是景区推广的主要内容,在规划期做的市场营销规划几乎都比较笼统,缺少针对性和实际性,很多规划文本相互模仿,相互抄袭,因此这些规划指导性不是很强,意义不是很大。比较合适的做法是:只做景区网站、宣传画册(含电子画册),最多再做一个第一年度营销计划书。由于不确定性因素较多，到临近举办日期时，活动组织者可以再做一个景区开业执行策划。

（十）专项规划

没有园林及相关专业背景的规划师根本无法做出专项规划，规划中相互模仿、相互抄袭的情况较多，有些数据根本就没有经过详细计算。文字和图纸可以融到设计任务书中，但技术数据的由来要介绍清楚，图纸要详细准确，如给排水布局图，必须有位置、流向、流量、管道大小、管道长度等内容。

（十一）景区组织架构和管理制度设计

这一部分是景区规划中较为重要的部分，也是最能体现规划师是否有实际的景区管理经验。现有规划中有的直接省略，有的只是学术意义上的管理机制研究而已，缺少可操作性。旅游节事活动举办地组织架构和管理制度设计必须明确部门组成、人员数量、人才的专业和从业经验要求、部门与部门间如何沟通、协调和配合，形成清晰的、可操作的组织架构图、岗位说明书和管理制度手册。

（十二）景区评A建议书

景区评A是近年来不变的趋势。多数旅游规划都没有这一部分内容，旅游节事活动的组织者应当重视这部分内容，将其作为自己的奋斗目标。

五、旅游节事活动的时间意识有待提高

旅游节事活动的时间对于活动组织者来说十分重要，组织者的时间意识应当加强。

如果说旅游设计与其他设计有什么不同的话，就是在三维空间设计的基础上，要加入"时间"和"意识"两个维度，是五维设计。

只有长宽高、平立剖的设计是建筑设计和房地产设计。而旅游设计一定要有时间和意识的维度，否则就不是旅游设计。

旅游设计以旅游吸引物的设计为代表。旅游景区中"遗产类旅游吸引物"占80%以上，遗产有自然遗产和人文遗产两种，之所以"遗产"有价值，能成为吸引物，就是因为它有时间的维度，是从历史的深处延续到现在的。

遗产类景区的规划设计相对简单，只需将旅游吸引物的吸引力呈现和放

大（与遗产类景区相对应的是"开发类景区"，开发类景区的吸引力要靠规划设计创造，如各类主题公园），用于呈现和放大的基础设施和服务设施的设计，在时间维度上要能够与遗产本身的时间维度相对接。

时间感是提升旅游项目价值的手段，也是提高项目投入产出比的手段。乌镇在时间维度上下了很大功夫，砖头、石头要磨损敲打，木头要做旧，抹好的墙皮要扒下一块来，要的就是时间感。如果乌镇有一座崭新房子出现，会有奇怪的、穿帮的感觉。

那么鸟巢、水立方是新建筑，也能成为旅游吸引物，为什么呢？其时间维度很小，但另外一个维度很大，就是"意识"维度。

"意识"的维度就是空间物的气质、文化、故事、精神内涵。

鸟巢、水立方的吸引力来自世界性的大事件、加上几十亿的投资、加上宣传造势形成的，其事件性、标志性所造成的"意识"维度之大，足以冲抵时间维度的不足。

空间上很新的旅游项目，鲜有成功者。包括拈花湾，虽然是精致的唐代建筑形式、文化宣传工作做得也很成功，但因其崭新，缺少时间维度，总有种怪怪的做作感，像是参观一个精致的房地产项目。

"做旧"的时间感，是"舞台化的真实"。形式上的旧，可以对接存在于时间中的意识，就像不同形状的天线接收不同的信号一样。

旅游者所追求的是对"真实"的感受，而真实往往是稀缺的、获取成本很高的。所以"舞台化的真实"就出现在了旅游项目中，包括硬件的"舞台化真实"，包括活动的舞台化再现，例如民族风情和古代典仪等。

量子力学的发展证实了意识是物质本来的维度，不是设计者"赋予"的，而是设计者意识到的。

旅游者与旅游时间，此二者相互作用，旅游节事活动时间应当融入活动举办地的宣传工作中。

旅游者可能有诸多需求：
①希望游览地是稳定的地区；
②希望在日光下进行游览活动，且轻松愉快；
③希望旅游设施要齐全完备；
④希望整个旅途中旅游活动安排得较满，且活动量要小；
⑤希望乘坐豪华舒适型汽车。

客观条件是有足够的且可以自由支配的收入和闲暇时间、旅游目的地的社会条件、旅游者的身体状况以及家庭人口结构；主观条件则是旅游的动机、物质需求和精神需求。

旅游者对旅游条件的知觉，是旅游者做出旅游决策、产生相应的旅游行为并对旅游服务做出评价的前提条件。其中包括六个方面的内容：

①对旅游目的地的知觉；

②对旅游距离的知觉；

③对旅游交通的知觉；

④对旅游时间的知觉；

⑤对旅游决策风险的知觉；

⑥对旅游产品的知觉。

在旅游活动中，人们对时间知觉的要求常因动机的不同而有所不同，可以从旅游的过程来进行详细分析：

①前往目的地途中。人们总是倾向于用较短的时间完成前往目的地的旅途，这是因为，一方面，此时的人们总是兴致勃勃，他们从心理上迫切地希望赶快到达目的地开始旅游；另一方面，在当今竞争激烈的社会里，人们的闲暇时间较为有限，在这样有限的时间里，要完成旅游计划中所有的地点、项目和内容，就要尽量缩短旅途时间，从而相对地增加游览时间。

②目的地游览过程中。在目的地游览过程中，人们总是希望有充足的时间从容地欣赏、慢慢地体味。但是，大多数旅行社组织的团体包价旅游中，为了在一定的时间内完成所有的游览项目，导游总是会限制游览某一景点的时间。很多地方，游客还没来得及欣赏就被催促集合出发，然后匆匆赶到下一景点，其实这是旅游者比较反感的做法。所以，旅游经营者应该注意游览时间的安排和控制。

③返回途中。在结束了全部的旅游活动后，旅游者或是感到身心疲惫，希望尽快回家休息一下，调整状态以准备今后的工作，或者是希望回家之后与亲戚朋友见面，讲述旅游见闻、赠送礼物等。总之，归家心切。所以，人们总是希望能用较少的时间完成归途。

六、旅游节事与其他旅游产业的结合度有待增强

虽然如今旅游节事活动发展处于高速阶段，但与其他旅游产业的结合度不足，没有充分地利用自己本地区或者国内外旅游产业的有利资源，并将这些资源进行有效整合。因此，广西旅游节事活动的发展可能错过了一些宝贵的机会，这对于旅游节事活动的长远发展以及当地旅游产业的发展都是一个关键的制约因素。

(一)广西节事产业与旅游业互动作用表现

1. 广西节事产业促进旅游业发展

(1)广西节事产业为旅游业带来更多客流,拓展了旅游客源市场。对旅游业而言,节事活动最主要的作用在于吸引游客。周期性举办的节事活动能够提升举办城市的整体关注度,增加其旅游者的涌游数量,拓展旅游客源市场。

(2)丰富广西旅游资源,促进城市服务功能的完善。对于节事活动而言,其自身便是吸引旅游者的最佳事物,是城市旅游吸引物的重要组成部分。每年广西各种节事活动举办期间,都会有众多的海内外游客慕名前来,鲜明的主题、多样的附设活动、周期性的举办形式丰富了城市旅游资源,较大地提升了城市旅游吸引力。同时众多节事活动的成功运作也促使城市加强环境建设,不断完善基础服务设施,使城市综合服务功能得到有效提升。节事参与者和其他旅游观光客获得良好的服务体验,满意度不断攀升,最终实现节事产业、旅游业、城市发展的良性互动。

2. 旅游业为广西节事产业奠定良好的发展基础

(1)旅游业为广西节事产业提供基础性的服务设施保障。城市的旅游基础设施与服务设施是旅游业的重要组成部分,是为旅游者提供良好服务的硬件基础。节事活动的举办具有点状特点,如果建设大量的固定基础服务设施,势必造成非活动期的资源浪费,同时还会产生一定的维护成本,因此节事活动举办期间只会建设一些临时性服务设施。为了使节事活动的参与者获得良好的服务体验,则必然需要城市旅游基础服务设施的支持和参与。广西旅游业整体发展情况较好,旅游基础服务设施建设也取得了很大成效,在各个旅游活动区都建有相应的服务设施,并定期进行维护和升级改造。完善的旅游服务设施为广西节事活动的开展提供了良好的基础性硬件服务保障,使节事活动的承办更为井井有条,给予节事活动参与者较好的消费感受。

(2)良好的旅游形象是提升节事活动的吸引力。城市旅游形象是一笔不可小觑的无形资产,旅游形象好的城市就像是一个较大的磁场,源源不断地吸引着游客前往,这种吸引力不仅促使游客观光、旅游,也促使游客进行各类消费与投资。多年来,广西壮族自治区政府一直致力于城市品牌营销,从城市环境改造、基础设施建设、管理制度完善、人员素质提升等多个方面积极创建独具特色的城市旅游形象,这样的良好形象在一定程度上提升了节事活动的吸引力。

(二)广西节事产业与旅游业互动发展中有待提升之处

广西节事产业与旅游业互动发展中有待提升之处,如图 3-13 所示。

广西节事产业与旅游业互动发展中有待提升之处:
- 缺乏高素质复合型人才
- 未能实现有效整合宣传
- 广西节事产业和旅游业各自发展,配合度不够
- 旅游节事活动的市场化水平较低

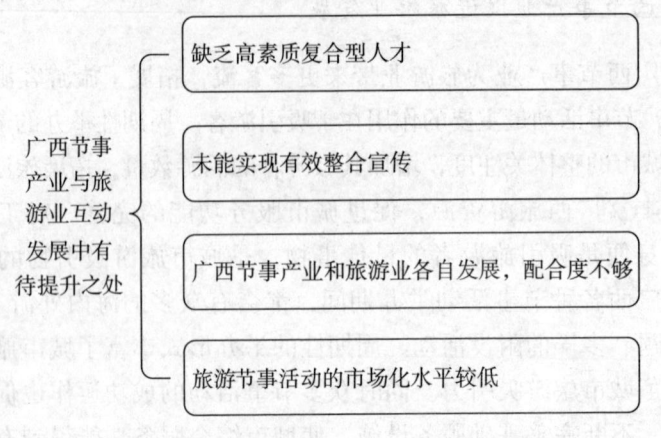

图 3-13　广西节事产业与旅游业互动发展中有待提升之处示意图

1. 缺乏高素质复合型人才

旅游业与节事产业在互动发展过程中,人才是两者实现良好互动的核心因素。想要成功举办一场令人印象深刻的节事活动,需要专业人员在短时间内利用旅游基础设施、城市形象等硬件资源与软环境资源进行合理规划,实现节事活动的有序和高效运营;而城市旅游业的发展如果想要借助节事活动来进行互动,充分发掘节事活动对其所产生的联动效应,就要做到衔接有序,需要熟练掌握节事产业与旅游业运作规律及二者互动关系的高素质复合型人才进行有效规划。就目前广西节事产业发展的实际情况而言,这类复合型人才较为缺乏,在一定程度上制约了两个产业之间的互动发展。

2. 未能实现有效整合宣传

目前,广西的旅游业和节事产业的宣传推广工作力度都较大,但并没有实现有效整合。一方面,旅游业在进行宣传时仍然侧重对广西各旅游景点的推介,而对于已经成为重要旅游吸引物的各类节事活动则较少提及;另一方面,广西各节事活动在进行营销推广时,也没有充分结合广西旅游资源的特色进行策划和宣传。由于二者没有进行整合宣传,导致广西旅游的宣传难以给人耳目一新之感,而节事活动又显单薄、未能充分彰显当地的资源和文化特质。因此,未来广西旅游与节事产业互动发展中应通过二者的整合营销增

加彼此的吸引力和丰富性。

3. 广西节事产业和旅游业各自发展，配合度不够

就当前的整体发展情况不难发现，广西节事产业与旅游业还没有形成较好的配合，节事活动在举办过程中并没有与当地的旅游资源进行有效融合，而旅游业也一直处于被动受益状态，没有积极参与到节事活动的运作过程。两者往往各自发展、相互脱节，这样的发展不利于节事旅游的互动发展，也在一定程度上影响各自发展的可持续性。

4. 旅游节事活动的市场化水平较低

广西节事活动目前大多还属于政府主导型，由政府部门参与或直接进行策划和运营，市场化运作水平较低。政府主导虽然在社会公信力、行业部门协调以及运营资金方面具有优势，但资源配置不合理、效率及效益低下等问题也时有发生。此外，市场调研不充分导致节事活动的主题定位和内容设计难以满足市场需求。由于不是专业公司进行运营管理，节事活动服务的专业化程度较低。这些问题使相关各方满意度偏低、节事产品吸引力不高、节事活动持续发展乏力。

（三）广西节事产业与旅游业实现良性互动发展的对策

广西节事产业与旅游业实现良性互动发展的对策，如图3-14所示。

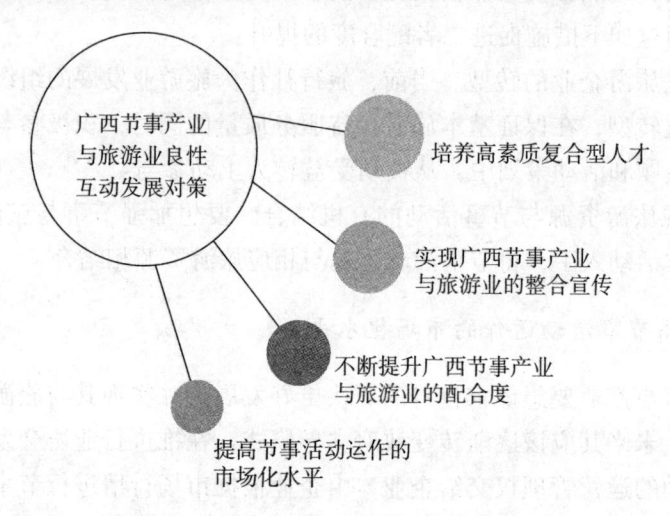

图3-14 广西节事产业与旅游业实现良性互动发展的对策示意图

1. 培养高素质复合型人才

人才是广西节事产业与旅游业未来是否能够实现良性互动发展的关键性因素之一。如前文所述，在二者未来的互动发展中需要既了解旅游业和节事产业运作规律，又了解二者产业联系的高素质复合型人才，通过这些人才根据市场需求进行的创意策划，将广西旅游资源特色与节事活动主题和服务内容有机结合，并有效开展整合营销，由此不断提升广西旅游和节事产品的吸引力和市场竞争力。高素质复合型人才的培养需要政府、企业、高校多方合作，政府出台相应的人才引进和培养扶持政策，旅游企业和会展企业积极合作，为从业人员提供展示才能和积累实战经验的舞台，高校为行业提供培训服务，并不断加强后备人才的培养和输出力量。

2. 实现广西节事产业与旅游业的整合宣传

将广西节事活动和广西旅游业结合起来进行整合宣传，不仅可以节省大量的广告宣传费用，而且还会取得良好的宣传效果。一方面，形式多样的节事活动使广西的旅游产品内容更丰富；另一方面，静态的旅游景点与动态的节事活动形成互补，动静结合让二者都更具活力和吸引力。

3. 不断提升广西节事产业与旅游业的配合度

城市节事产业与旅游业有效融合实现良性互动，不仅可以让参与者体会到创新发展，也能够使其体会到更多的节事与旅游的多重价值。未来的发展中，可以通过如下措施促进二者配合度的提升：

①促进旅游企业的转型。当前，旅行社作为旅游业发展的组织企业，应该实现有效转型，在保证基本旅游接待服务质量的同时，积极参与到大型节事活动的主题和活动策划中，从被动受益转为主动参与。

②实现旅游资源与节事活动的有机结合。要想加强节事与旅游的配合，也可从具体活动入手，将节事活动主题与相应旅游资源相结合。

4. 提高节事活动运作的市场化水平

广西节事产业要想谋求自身的更快更好发展，并实现其与旅游业的良性互动发展，未来其应该逐渐转变政府主导模式，在推进行业协会发展的同时将节事活动的运营管理权交给企业，由企业根据市场行情进行节事产品的策划、运营和管理。政府将主要精力转向政策制定、人才培养等方面，以提升节事产业的综合实力，实现政府引导、协会规范、企业运作的良好局面，真正实现节事产业的市场化运作，并推进节事产业与旅游业的良性互动。

第四章　广西旅游节事活动发展对策

从前文分析出的广西旅游节事活动发展的影响因素，可以提出相应对策，政府主导与市场化动作相结合的动作模式是主要支撑，对文化内涵的深入挖掘可以突出主题特色，塑造当地自有品牌，可以提升举办地的知名度，在整合区域内节事资源的基础上制订整体规划开发方案，合理安排节事活动的时间性，以篮球旅游节事活动的可持续开展，最后，旅游节事还可以与地域旅游进行互动发展。

第一节　政府主导与市场化运作模式相结合

经济社会发展的过程就是从单一产业向多元产业发展的过程，也是从以产品生产向服务生产升级的过程。目前，中国正处于中等收入水平向中高收入水平转型的节点，这个节点下，人民群众的消费结构不断趋于高端化，对文旅产品和服务的需求呈现不断增长的趋势。旅游综合体的产生、发展正是经济发展阶段不断递进的必然趋势和方向，既是经济增长新动能的重要内容，也是有效满足人民群众对于文旅产品和服务需求的重要手段和平台，还是政府主导与市场化运作模式相结合的结果。

旅游综合体应坚持深化市场分工机制和价值链的创造。从这一点来看，旅游综合体更多担当一种平台的功能和作用，实现各个环节、各种要素的分工组合，特别是文化创意要素的导入，让各类要素最大限度地发挥各自价值，让最有效率的文旅产品创意服务于人民群众。

旅游综合体的建设运营过程中，要正确发挥政府的作用，并不是一定要政府不参与或少参与，而是按照"市场主导、政府引导"的思路，改变以往那种政府无偿投入的机制和模式，政府和社会资本共同以股权的形式参与到旅游综合体的所有权结构之中，构建一种风险同担、收益共享的良性发展机制，这样的投入模式更加具备可持续性，更能够发挥财政资金"四两拨千斤"的作用，而且财政资金又能够滚动运行，助推一些好项目再扩大投资。

近年来，各地兴起的政府投资引导基金、PPP 机制无疑是一个比较好的方式。政府应着力创造一个旅游综合体稳定发挥效益的市场环境，并更多地承担基础设施的投入，比如建设与旅游综合体有关的道路交通基础设施、完善相关公共服务体系、维护社会秩序等。而市场则负责旅游综合体经营，比如文旅产品和服务的创意设计、营销网络建设和市场推广、品牌建设、人才选拔和培养等。政府不应过多介入市场主体的市场决策和经营行为，甚至为了更好地鼓励市场的积极性，政府可以将股权收益部分滚动支持给市场主体，更好地优化旅游综合体的发展环境。

此外，要看到旅游综合体是一个具有较高风险的产品，具有一次性投入大、回收期长的特点，降低旅游综合体投入的初期沉没风险，对于更好地发挥市场积极性、提升可持续性至关重要。政府在推动旅游综合体落地过程中，如何更好地平衡投入初期和成熟期之间的成本收益，是有效应对风险的关键。政府主导与市场化运作模式相结合需要做到以下几点，如图 4-1 所示。

政府主导与市场化运作模式相结合
- 选择资金能力强大的社会资本运营主体
- 选择最佳区位，建立与城市化之间的协同配合机制
- 旅游综合体和相关产业要融合发展
- 旅游综合体和交通基础设施建设要融合发展
- 旅游综合体本身也要融合发展
- 注重品牌机制的培育，让品牌有价值

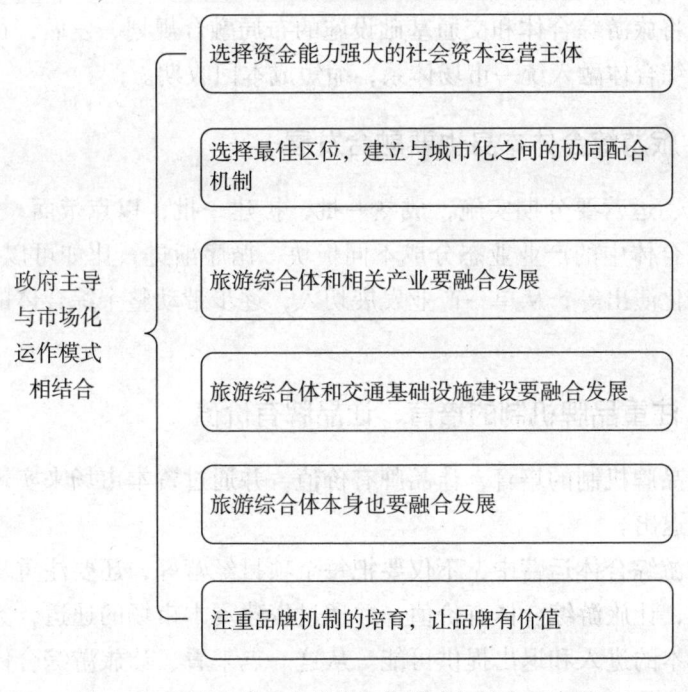

图 4-1　政府主导与市场化运作模式相结合示意图

一、选择资金能力强大的社会资本运营主体

首先,要选择一个具有强大资金能力的社会资本运营主体,在选择投资者过程中,要综合考虑到品牌影响力、项目实施能力、融资能力等因素,来选择一个具有"战略定力"的最佳战略投资者。

二、选择最佳区位,建立与城市化之间的协同配合机制

旅游综合体的经营必须要有一定的人气,按照城市化水平,并结合成本的考量,选择一个好区位,寻求城镇化和旅游综合体的有机结合。

三、旅游综合体和相关产业要融合发展

旅游综合体一次性投入大、回收期长,政府要更好地和一些产业业态融合发展,比如将旅游综合体和产业园区综合开发,相得益彰,协同配合,用产业开发的收益来平衡旅游综合体的投入风险。

四、旅游综合体和交通基础设施建设要融合发展

"要想富、先修路",重要交通基础设施的建设会带来人流、物流的快速交互,将旅游综合体和交通基础设施的布局融合规划、发展,往往能够迅速让旅游综合体融入统一市场体系,缩短成本回收期。

五、旅游综合体本身也要融合发展

建设、运营要分期实施,成熟一批,扩建一批,以点带面,分批突破,将旅游综合体中的产业业态分成不同板块,循序渐进,比如可以分成会展、酒店、文化演出等,从单一产业发展切入,逐步带动整个综合体的多元业态繁荣。

六、注重品牌机制的培育,让品牌有价值

注重品牌机制的培育,让品牌有价值,并通过资本市场来实现价值形态的进入和退出。

在旅游综合体运营中,不仅要把每个项目经营好,还要注重从价值形态进行运营,让旅游综合体有价值,并通过搭建资本市场的通道,为政府投资和社会资本的进入和退出提供可能。从这一点来看,让旅游综合体从实物形态转变成价值形态,通过蕴含优质创意的文旅产品和服务的不断注入,提高

旅游综合体的价值。这一点与高科技企业的价值经营模式是相通的。一旦能够做到这一点，旅游综合体依托较大的市场价值，其融资、投资和分配行为便水到渠成。

第二节 深挖文化内涵以突出主题特色

国家现在对红色资源的开发和利用、红色传统的发扬、红色基因的传承工作十分重视。因此，广西地区开发利用好红色文化资源，一方面可以增强革命老区文化资源的利用与开发，提升广西地区的文化软实力；另一方面可以带动当地旅游产业以及其他相关产业的发展，进而推动当地经济建设稳步发展。

广西丰富的红色文化旅游资源对于旅游节事活动的发展具有一定的促进作用。广西红色文化景区可以借助自身红色文化基础资源，如红色文化纪念馆、红色遗迹、红色文化旧址展览馆等，或举办红色文创产品设计大赛等与红色文化相关的活动或比赛，通过各种形式的活动来丰富红色文化活动的表现方式。在组织和举办此类活动时，应当考虑现代人们的审美观念，注重内容的实用性，将活动的形式年轻化，吸引更多年轻人参与，让年轻人成为继承和发扬红色文化的主力军。红色文化活动还可以与电商平台进行合作，通过直播或内容营销的方式，拓展红色文创消费场景，让红色文化真正融入人们日常的生活和工作中。

此外，还可以开展"重温红色电影""探寻红色故事""品尝红军饭""重走红军路"等一系列红色文化主题活动，将革命老区的各项旅游资源进行重新梳理与整合，将现在最新科技手段和媒介传播方式与当地红色文化资源进行有机结合。通过文字、图片、音频、视频等多种方式呈现红色文化的深刻内涵，从红色文化的起源、发展、变革等不同时期解读红色文化的发展变迁，从国家发展、社会进步、大众生活等不同角度来审视红色文化精神的意义所在。

第三节 塑造精品品牌以提高举办地知名度

塑造广西旅游节事活动的精品品牌可以从广西旅游节事活动品牌标识设计这一宣传手段入手，品牌标识设计可以通过色彩和形象来表现品牌的特征与内涵，大众在欣赏和观看后，产生相应的联想而达到持续传播的作用。广西旅游节事活动品牌的培养与发展是一个循序渐进的过程，需要经过一定的时间，通过不断实践来推进品牌建设。品牌建设需要有差异化的品牌名称和CIS设计。在每一次节事活动中，都需要主办者进行活动品牌的标识设计，在活动官网、标志、吉祥物、纪念品、门票等活动相关位置添加活动品牌标识，使第一次活动品牌标识的设计区别于其他地区节事活动，不管从直观上还是从品牌标识内涵上都与其他节事活动有明显的差异化，并以此作为大众参与旅游节事活动直观上的主要依据。

营销作为招徕客户、增加收益而采取的品牌形象推广活动，是旅游目的地系统建设中不可缺少的环节。在当今激烈的旅游市场竞争中，形象塑造已成为旅游目的地占领市场制高点的关键。大众旅游、自主旅游时代，旅游目的地营销要注重内容的吸引力、形式的多元、渠道的精准和手段的创新。广西旅游节事活动塑造精品品牌可以从五个方面来阐释，如图4-2所示。

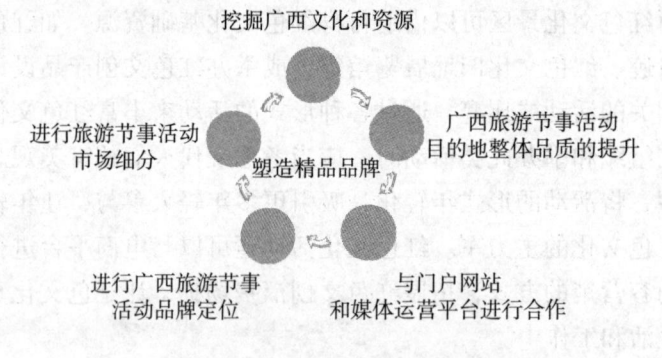

图 4-2　广西旅游节事活动塑造精品品牌示意图

一、挖掘广西文化和资源

旅游节事活动的目的地通常需要根据这一地区的相关资源进行发展，这一地区的历史人文、风土特产、区位优势、地理环境等，都可以成为旅游节事活动品牌的核心价值要素。旅游节事活动目的地可以深入挖掘本地区关键的文化要素及核心资源的价值，更多地争取这一地区的品牌价值。具有地理标志的产品和文化元素等，都可以成为旅游节事活动的主要内涵。例如，旅游节事活动的组织者可以将广西民歌进行包装宣传，从广西民歌的传承与保护中汲取灵感，对广西民歌的内容和伴奏等方面进行创新。从民歌的创作、表演、包装、宣传等方面进行整体性重新制作。在保证广西民歌基本风格的基础上，歌词内容可以融入更多现代性的元素和词汇。对于民歌音乐，可以在一定程度上对其进行重新编曲。而在民歌表演的服饰和配饰上，可以保留广西民歌的特色。另外，广西民族的服饰和配饰，可以作为旅游纪念品，或是选取其中的典型元素，置于产品的包装封面，或是其他文旅产品上。

广西民歌是一种独具特色的文化艺术形式，除了将其与旅游相结合进行开发，形成与旅游产业结合的特殊产业链，其还可与商贸进行结合，通过表演演出的形式持续发展，形成特殊的文化产业资源发展形势。[①] 广西民歌可以通过剧场演出的形式衍生出一系列产业链，例如酒店、宾馆、餐饮、商铺、停车场等一系列的产业形式。广西民歌这种特殊的艺术形式，在广西的历史文化产业构建中，从《印象·刘三姐》而衍生出了各种相关产品，例如"阳朔东街"，是以广西民歌文化为代表的特色餐饮消费区，同时，这一餐饮消费区也成为当地旅游产业的一张名片。[②] 由此可以看出，广西民歌演绎与商贸的融合，可以实现文化艺术与经济的结合，二者之间可以相互促进，共同发展，形成双赢的理想商业形态。文化产业是投资回报率较高的产业之一，况且广西素来就有"歌海"的雅称，旅游节事活动的组织者可以利用这一有利契机，打造属于广西本地的艺术商业特色，将文化传承和保护与商业发展共同推进，将传承与保护广西地方文化与商业发展同步进行，将广西本地原生民歌作为文化资源产业发展的重心，最大限度地发挥广西民歌的特色优势，在充分利用广西文化和资源的基础上，促进广西经济的持续增长。

二、进行旅游节事活动市场细分

旅游节事活动品牌的定位及其塑造的前提是对旅游节事活动市场进行系统而全面地分析，旅游节事活动的组织者要先充分了解并认识旅游目的地的资源条件和文化内涵，再对旅游客源市场的发展现状和趋势进行深入分析，结合区域和同类旅游节事产品市场情况，为旅游节事活动品牌的定位做好充分准备。

随着广西旅游节事活动的不断发展，活动组织者越来越认识到，想要最大限度满足游客的需求，不能只以同一个标准的活动形式、产品、服务来吸引游客，而应根据游客的不同需求，对游客群体进行细分，以满足不同游客群体的多样化需求。一些旅游节事活动的组织者开始从大众营销逐步转向目

---

① 王刚，晨曦.广西北部湾地区民俗文化资源整合的原则与路径探索[J].吉林省教育学院学报，2017，33（7）：168-170.
② 赖世娟，古维迎.谈广西北部湾地区民歌的传承和发展[J].歌海，2016（2）：85-87.

标化营销。而对旅游节事活动市场进行细分，可以让活动组织者确定一个或多个目标市场，并针对性地开发旅游节事活动产品，同时制定相应的市场营销计划。

旅游节事活动市场细分的主要依据是游客需求的差异性，从市场营销学的一般原理出发，游客需求的差异性可以从游客的行为因素、人文因素、心理因素、地理因素四个方面对旅游节事活动市场进行细分，如图4-3所示。

图4-3 旅游节事活动市场细分示意图

（一）按游客的行为因素进行旅游节事活动市场细分

根据游客对旅游节事活动产品的认识程度、消费情况、反应、使用情况等，可以将游客划分为不同的群体，在进行旅游节事活动市场细分时，需要根据游客的行为目的、产品使用频率、时机、忠诚度、利益等进行划分。

（二）按游客的人文因素进行旅游节事活动市场细分

游客人文因素的特点可以表现在诸多方面，例如年龄、性别、职业、收入、国籍、受教育程度等方面。这是较为常用的细分方法，所列举的这些指标都与游客的旅行欲望、旅行偏好、出游频率、消费能力等有着直接的关系，并且与其他因素相比，游客的人文因素更容易进行量化，因此，对于旅游节事活动的组织者来说，人文因素的指标是十分重要的市场细分依据。

（三）按游客的心理因素进行旅游节事活动市场细分

按游客的心理因素进行细分，即按游客的个性、兴趣、生活方式、生活态度等心理因素对旅游节事活动市场进行细分。游客的旅行欲望、旅行需求、消费行为，不仅受人文因素影响，同时还受心理因素影响。即使在同一人文因素的群体中，也可能表现出心理特征差异明显的情况，旅游节事活动的组织者可以据此对旅游节事活动市场进行细分。

（四）按游客的地理因素进行旅游节事活动市场细分

按游客的地理因素进行旅游节事活动市场细分，指旅游节事活动的组织者按游客所在的地理位置对市场进行细分，以利于旅游节事活动的组织者从地域角度出发，研究、细分市场的特征。活动组织者可以根据自身需求，将市场划分为不同的地理单位，例如按国家、区划、地区、城市、乡村、空间距离等，将旅游节事活动市场划分为不同的细分市场。其主要的划分依据是：处在不同地理区域的游客，对旅游节事活动的需求和偏好都不尽相同，旅游节事活动的组织者相应所采取的市场营销战略和市场营销策略也不相同。

三、进行广西旅游节事活动品牌定位

进行广西旅游节事活动的品牌定位是塑造广西旅游节事活动品牌的关键要素，同时，这也是活动组织者一项较有难度的工作内容。在进行品牌定位的过程中，活动组织者应当注意旅游目的地与其周边资源条件相区分，突出自身特色，最大限度地争取独特的旅游节事活动产品品类，在进行旅游节事活动产品差异化的过程中，要与其他旅游节事活动产品产生较大的区分度，突显自身独特特征。

旅游节事活动一旦拥有自己不可替代的品牌形象，也会带动旅游节事活动举办地知名度的提升。品牌定位就是为旅游节事活动的举办和宣传营销制定工作方向，这是在旅游节事举办前期的一件十分重要的工作。只有找准定位，确定方向，后续旅游节事活动品牌的塑造和创建工作便会有的放矢。

四、广西旅游节事活动目的地整体品质的提升

广西旅游节事活动组织者要坚持旅游节事活动目的地整体品质的提升，打造具有独特魅力的旅游节事活动目的地，具体来说，要从以下六个方面来

实施，如图 4-4 所示。

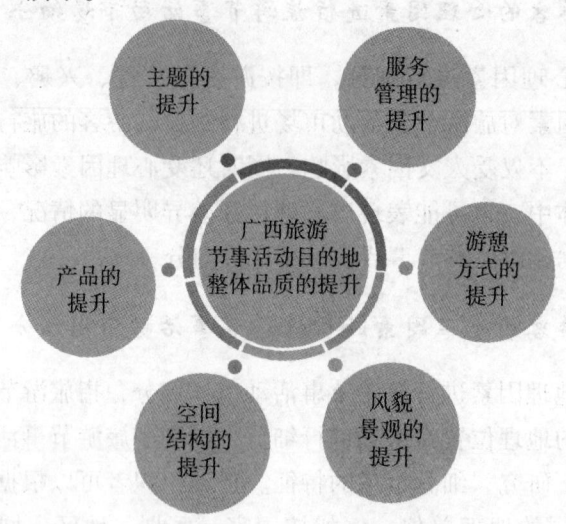

图 4-4　广西旅游节事活动目的地整体品质提升示意图

（一）旅游节事活动目的地主题的提升

在进行旅游节事活动目的地的提升过程中，要突出主题，可以是一个接受度高并易于让游客铭记的主题。另外，也可以确定一个大的明确主题，配以多个不同层次和多元化的小主题，小主题要围绕在大主题周围，不可喧宾夺主。

（二）旅游节事活动目的地产品的提升

旅游节事活动目的地的产品是其目的地的重要组成部分，游客参加一次旅游节事活动，可以从产品中感受节事活动的独特性。产品的提升，可以从产品的质量、包装、文化内涵等方面进行提升。作为旅游节事活动目的地的产品，其文化属性应是其产品主要的内涵，另外，产品的品质和包装设计方面也都应体现广西地域的文化性和民族性。

（三）旅游节事活动目的地空间结构的提升

旅游节事活动目的地在规划时，需要在空间结构上进行整体规划，旅游节事活动如何进行合理化布局，如何合理安排各个活动板块，如何规划各个商业或服务板块。旅游节事活动的五个空间影响要素包括：吸引物、交通、住宿、支持设施和基础设施。旅游节事活动的组织者需要考虑旅游节事活动中的吸引物应当置于哪个位置,游客可以更容易地注意到,并且吸引物的位置要处于旅游节事活动的核心区域内。交通和住宿等位置的设置应当与旅游节事活动目的地有效且紧密地进行衔接,以减少游客出行和休息等基本需求所花费的时间。而支持设施和基础设施是旅游节事活动必要的硬件支撑,旅游节事活动的服务质量都是从这些细小方面体现出来的。空间布局合理,可以提高游客参与旅游节事活动的舒适感和便利性,也是游客满意度的一方面体现。

(四)旅游节事活动目的地风貌景观的提升

对旅游节事活动目的地风貌景观的提升,需要活动组织者对地理环境和自然景观进行升级改造提升,在保证原有自然风景原貌的基础上,结合现代景观设计,提升游客观赏风貌景观的便利性,通过改造,突显风貌景观的特点,进一步放大目的地的独特魅力。

(五)旅游节事活动目的地游憩方式的提升

游客选择旅游节事活动,就是通过活动,可以放松身心、获得精神上的愉悦感,从旅游节事活动中可以学习到一些人文历史知识,扩大视野。活动的组织者应当对游憩的方式做进一步提升,通过各种方法丰富游客的游憩方式。活动组织者可以安排由导游引领游客进行游憩,想要自由游玩的游客可以自己规划路线,自由选择游憩方式。另外,在活动组织者现有的游憩方式的基础上,可以让游客自己设计游憩的方式,活动组织者为游客提供必要的物料、设施等物品,帮助游客完善新的游憩方式,如果活动组织者觉得游客提出的新的游憩方式具有推广的可能性,可以将这种方式纳入旅游节事活动中。同时,也可以设置相应的奖励制度,来鼓励游客参与到旅游节事活动的创新中。

(六)旅游节事活动目的地服务管理的提升

旅游节事活动目的地的服务质量和品质,对于游客来说,是十分重要的内容。游客选择前往旅游节事活动目的地进行游玩和放松,观看表演节目,消费购物等,这些旅游项目都是旅游节事活动目的地基本提供的旅游内容。游客最为看重的则是活动组织方相关的旅游服务,这些服务是否可以满足游客自身的各种需求,组织方服务质量水平的高低就会直接影响游客是否选择这一旅游节事活动作为目的地,同时,活动组织者对服务质量的管理也直接关系着旅游节事活动目的地的品牌形象和整体形象。活动的组织者对服务进行管理,需要从各个方面、各个细节进行,通过流程化、专业化、系统化管理对服务质量进行提升,进而促进旅游节事活动目的地整体品质的提升。

五、与门户网站和媒体运营平台进行合作

旅游节事活动的组织者在做好自身服务和基本工作的基础上,还要加强与各个媒体运营平台、旅游类门户网站间的合作,对自身旅游节事活动进行全方位宣传,通过发布关于旅游节事活动的相关宣传推广信息,例如发布旅游节事活动产品、地方特色美食、特色节事活动等信息,吸引更多网友参与其中。活动组织者可以定期邀请媒体平台工作人员参与旅游节事活动,在推出新活动、新产品、新服务时,及时在媒体平台上报道,便于让现有的游客以及潜在的游客及时获取相关信息。活动组织者应当通过各种方式引起游客的关注,除了要把自己的工作做好外,还要懂得如何利用现有的手段将旅游节事活动的特色让游客知晓,让媒体运营平台成为旅游节事活动与游客间联系紧密的交流沟通桥梁。

第四节 优化整合区域内节事资源并制定整体规划开发方案

一、整合区域内节事资源

节事资源指在一定区域范围内,对旅游产生一定的吸引性,经过开发规划后,成为吸引游客的动态文化吸引物的各种节事庆典活动的总和,其中包括各类旅游节日、各种文化和体育活动、博览会、展览会、交易会、庆典等。这些活动通常没有固定的规模,在特定的区域内定期或是不定期地举行,且围绕一个特定的主题开展丰富多彩的旅游项目,其独特性可以吸引大量区域内或区域外游客前往,旅游节事活动可以产生不同程度的轰动效应。

目前,我国对节事资源整合的研究仍然较少,而大部分研究资料只是从某一个角度来进行探讨,例如,从节事活动要素的系统构架、区域形象整合、节事的可持续发展、节事活动的市场运作等角度来探讨节事资源整合。这些关于节事资源的研究为节事资源的整合模式奠定了一定的基础。这里所说的区域并非指一个城市或是一个地方,而是指根据节事文化和旅游活动的

相关性而类聚成的一个构架。

（一）区域节事资源整合的原则

区域节事资源整合的原则可以从四个方面阐释，如图 4-5 所示。

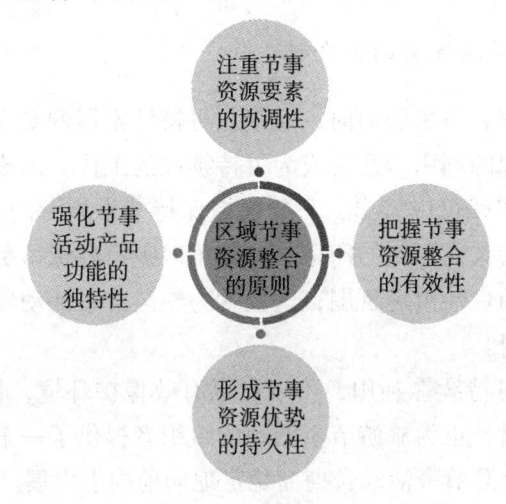

图 4-5　区域节事资源整合原则示意图

1.注重节事资源要素的协调性

当一个区域旅游节事资源与这一区域旅游发展目标具有很大相关性时，这些节事资源就会产生良好的协同效应。换句话说，旅游节事活动的开发应当与区域旅游发展的现有能力相匹配。若节事资源不能更好地与区域旅游发展相适应、相协调，节事资源也就不能成为这一区域旅游产业发展的竞争优势，节事资源有待于深入整合，这种整合应当从两个方面入手：区域旅游未来发展战略模式的选择，以区域旅游现有主题为依据。

节事资源要素与区域旅游节事发展相互协调的同时，还需要综合各方资源，进行整合。整合前，相关人士应当充分了解区域内各种资源现有情况，对节事资源与区域内资源间的关系有深入认识。同时，确定区域旅游的主题以及未来发展战略模式。

2.强化节事活动产品功能的独特性

区域的节事资源通常具有一定的特色和稀缺性，而这种特色与稀缺性可以形成旅游节事活动的竞争优势，也可保持旅游节事活动的可持续发展。通常来说，区域节事资源独特性的形成途径有两种：区域传统的、独有的节事文化传承；区域内挖掘开发出独具特色的旅游节事活动。旅游节事活动主要依靠产品功能的独特性来吸引游客，进一步强化这一独特性，可以让旅游节事活动的组织者围绕节事活动产品的独特性，开展一系列相关工作。

3. 形成节事资源优势的持久性

一个区域在整合节事资源时，应当在可持续发展的要求下，保护并创造资源优势，使资源的利用与开发成为可持续性的工作，形成持久性的发展趋势。通过长期的实践可以看出，只要区域保持节事旅游的原生性和独特性，可以给游客一个持久而深刻的印象，也就可以吸引并保留更多的游客，形成一个稳定而发展的良性市场氛围，这也就为旅游节事活动发展提供了可持续发展更广阔的空间。

节事资源的可持续性利用，不仅可以有效保护环境，创造"绿水青山"的优美环境，同时，也为旅游节事活动的组织者提供了一个可持续利用的发展资源，保证了旅游节事活动长期而稳定地向前向上发展。

4. 把握节事资源整合的有效性

节事资源的整合需要时间的积累，在短时间内无法显现出明显的效果，旅游节事活动举办的过程中，在主题明确的基础上，以游客的需求为最终导向，不断对旅游节事活动产品进行创新，定期或不定期地增加新的旅游节事活动的项目或服务，更新或完善旧的活动项目，同时，要沿着可持续发展的道路向前行进。节事资源的整合并不是将所有的节事资源进行整合，而是根据整合的最终目的，有针对性地进行筛选的整合，从多种节事资源中挑选出利于整合的资源。

进行节事资源整合时，应当筛选出兼具文化优势与市场价值的节事资源，若一些节事资源不具备文化优势，但要具有一定的可以开发的市场价值；或是只有市场价值，而缺乏一定的文化优势。这样的节事资源都不适宜进行整合。对于旅游节事活动的开发，其中节事资源整合所针对的对象应当满足的要求是可以与节事主题相融合，具有一定旅游开发的市场价值，节事资源应当按照节事活动的文化性、传统性、综合性、动态性的特点进行灵活整合。节事资源的整合方式并非固定不变，因各种资源所具有的特点不尽相同，旅游节事活动的组织者应当根据现有情况，兼具一些创造性资源整合，充分合理地利用节事资源。

（二）区域节事资源的整合模式

整合，从字面上理解，即有机地融为一体。在进行节事旅游开发时，要对节事资源进行充分了解，明确各种节事资源的特点，以及相互之间的关联性，确定每个节事资源的文化价值，而后进行优势互补，相互之间共同促进，不断完善，以更好地满足游客不同层次的需求。减少彼此间相互替代的关系，加强彼此间的整合力度，这也是扩大旅游范围的突出体现。节事资源的整合模式应当从产品、时间、空间、文化四个方面进行阐释，如图4-6所示。

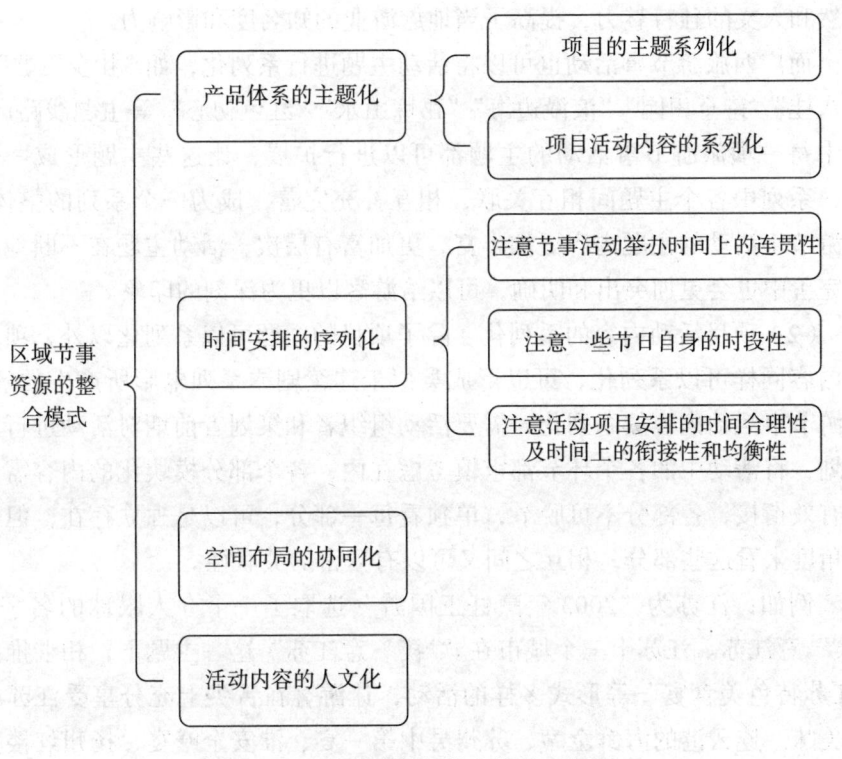

```
                              ┌─ 项目的主题系列化
              ┌─ 产品体系的主题化 ┤
              │               └─ 项目活动内容的系列化
              │
              │               ┌─ 注意节事活动举办时间上的连贯性
区域节事      │               │
资源的整 ─────┤─ 时间安排的序列化┤─ 注意一些节日自身的时段性
合模式        │               │
              │               └─ 注意活动项目安排的时间合理性
              │                  及时间上的衔接性和均衡性
              │
              ├─ 空间布局的协同化
              │
              └─ 活动内容的人文化
```

图4-6　区域节事资源整合模式示意图

1. 产品体系的主题化

产品体系的主题化指以旅游节事活动鲜明的主题为主线，整合区域范围内具有相同特性的旅游产品，形成完整的产品线。按"主题"整合而成的一系列协调性完善的、内容关联度较高的、体现共同特色的旅游节事活动的产品，有助于增强旅游节事活动产品的特色，便于在游客心中塑造出具有鲜明特色的差异化形象，进而推动旅游目的地整体形象的改善，扩大旅游节事活动的影响范围。旅游节事活动产品体系的主题化主要体现在项目的主题系列化以及项目活动内容的系列化两个方面。

（1）项目的主题系列化。项目的主题系列化，指在旅游节事活动中，让每一次活动的主题，或是同一次活动的主题形成一个系列化的主题线，或是层层递进，或是并列围绕一个主要的主题进行展开，或是让各个主题形成类似故事的叙事线。如三门峡市以"黄河文化"为主题，推出了十大旅游项目，如以"黄河古文化游""白天鹅之城"为主题的旅游宣传活动，另外，还有民俗风情游、黄河游、函谷演兵等一系列活动，向游客展示了三门峡的自然和人文的独特魅力，提高了当地旅游业的知名度和影响力。

而广西旅游节事活动也可以将活动主题进行系列化，如"壮乡飞歌""舌尖八桂""诗意田园""浪漫边海""秘境山水""红色初心"等主题线路产品。其中每一项旅游节事活动的主题都可以进行扩展，让这些主题形成一个系列，系列中各个主题间相互关联，相互补充完善，成为一个系列的整体后，旅游节事活动的主题内容更加丰富，更加富有层次，活动主题在不断地丰富和完善中也会更加突出和明确，可以给游客以更为深刻的印象。

（2）项目活动内容的系列化。除了项目的主题可以系列化以外，项目活动内容同样可以系列化，可以形成类似于连续剧或系列电影所产生的效果。旅游节事活动内容的系列化，需要活动组织者和策划者前期对活动进行系统规划，将活动中的各个环节都审慎考虑在内，各个部分模块化的内容需要进行有效衔接，各部分不可脱节，单独看每一部分，可以是独立存在，但从整体角度来看这些部分，相互之间又可以有紧密的关联性。

例如，江苏为"2003年烹饪王国游"选取了一个夺人眼球的名字——"筷"意江苏。江苏十三个城市在"'筷'意江苏"这一主题下，相继推出了"江苏特色美食宴"等形式多样的活动，让游客在舌尖上充分享受江苏的烹饪美味。连云港的海鲜全席、苏州吴中第一宴、淮安全鳝宴、扬州红楼宴等十大苏菜名宴更是让游客欲罢不能。

广西旅游节事活动同样可以从活动内容上进行深入挖掘，丰富旅游节事活动内容，让各个内容间进行有效衔接，充分表现一场活动的主题，对活动内容的系列化可以从多个角度、多个层次对活动主题和内容进行全面呈现。

2. 时间安排的序列化

旅游节事活动与旅游地的静态资源在整体旅游产品的组成上具有相辅

相成的关系。一些旅游资源本身具有一定的时间性与季节性，旅游节事活动的开展为当地旅游的可持续性开展提供了一种必要的载体。因而，旅游节事活动的举办地在策划旅游节事活动时，应当注意节事活动在时间上的统筹协调，另外，应当从三个方面进行考虑：

（1）注意节事活动举办时间上的连贯性，将节事活动均匀分布在全年各个时间段中，营造持续性的旅游氛围。

（2）注意一些节日自身的时段性，例如"香山红叶节""慈溪杨梅节""钱塘江国际观潮节"等，由于节日本身所依托的资源的时段性和最佳观赏期的特定性，决定了旅游节事活动在举办时间上的限制性。

（3）注意每次旅游节事活动过程中活动项目安排的时间合理性以及时间上的衔接性和均衡性。根据每次旅游节事活动的侧重点，将旅游节事活动的开幕式设计得更有吸引力，活动组织者应当维持激昂的活动气氛，高潮而平缓的发展、余韵回味的收尾、活动气势高低起伏。活动整体设计应紧张而连贯，可设定一个特定的情节，增加活动的故事性。旅游节事活动组织者需要在时间上进行协调与平衡，另外，还要考虑游客对时间性的感受，将旅游节事活动内容与形式依据时间进行调整。

3. 空间布局的协同化

旅游节事活动举办地并不是单独存在的一个独立个体，在旅游节事活动的存在开发时，具有一定的相关性文化的节事活动可以进行有效衔接，共同构成一个节事活动的大板块。例如，陕西的"大唐文化"旅游可以与洛阳的"唐文化"旅游进行结合；山东的"圣人游"可以与商丘的"孔子文化"进行结合。在对区域的节事资源进行整合时，需要注意两点：一是要寻找区域内各旅游节事活动举办地的共同文化，根据共同的文化资源，整合分散的节事活动。二是要区分出节事资源整合后旅游节事活动产品的主次定位，优先选出主要的旅游节事活动和次要的旅游节事活动。

在对区域内的节事资源进行整合时，可以采用"点·轴"开发模式，形成集中的节事活动集群。其中的"点"指代一到几个节事活动的举办地，而"轴"是联结各节事活动举办地的交通路线。例如，杭州和萧山的观潮节影响力相对较小，而浙江海宁的国际钱江观潮节影响力较大，则可以将海宁、萧山、杭州三地的观潮节资源进行整合，形成一个具有更大影响力以及更大规模的国际观潮节。

具体到广西旅游节事资源的整合中，可以将广西各地民歌活动进行整合,让已经形成一定规模和影响力的广西民歌,由"点·轴"联结成一个"面",每个点之间可以相互呼应,规模和集群所带来的影响力有助于广西民歌的节事活动特色更加深入人心,而相应的节事活动营销的效果也会更加显著。

4. 活动内容的人文化

文化要素是节事活动的核心内容,随着生活水平的不断提高,人们对文化的诉求也在不断增长,因此,人们期望旅游节事活动中文化占有更大的比重。活动组织者在举办旅游节事活动时,要尽可能挖掘本地区的文化资源,深层次挖掘内涵,开发具有当地特色新的活动以及新的节事要素,更多地与民族性和传统性相结合。

二、制定整体规划开发方案

旅游节事活动可以集中体现区域形象,对于游客来说,具有较强的吸引力,相比较来说,旅游市场具有一定的限制性,旅游节事活动的组织者很难在真正意义上对旅游节事活动有所创新,旅游产品的替代性促使组织者思考如何可以保持旅游节事活动的可持续性发展。只有根据自身现有的条件来对旅游节事活动进行定位,确定旅游节事活动的主题,才可以有效地规避旅游市场上节事活动产品同质化问题,突出自身特色,采用适当模式进行系统整合,才可以真正发挥旅游节事活动发展的核心优势。区域内节事资源整体规划开发方案如图4-7所示。

(一)开发主题化的节事产品,扩大节事活动影响力

只有独特的东西才能被游客从众多相似的信息中注意和感知。[1] 广西旅游节事活动需要有鲜明的主题特色,这是吸引游客前往的一个重要因素,鲜明的主题是旅游节事活动组织的一个引导,以此为基础,可以将区域内具有相关特性的旅游节事产品进行整合,形成一条系统而完整的产品线。广西旅游节事活动应当根据已确立主题,整合一系列具有良好协调性、内容衔接紧密的、可以体现出自身特色的旅游节事产品,以此来推动广西旅游节事活动整体形象的提升和发展,扩大旅游节事活动的影响范围。

---

[1] 蔡晓梅.城市旅游形象分析方法在节事活动主题定位中的应用:以广州市为例[J].社会科学家,2003(5):100-104.

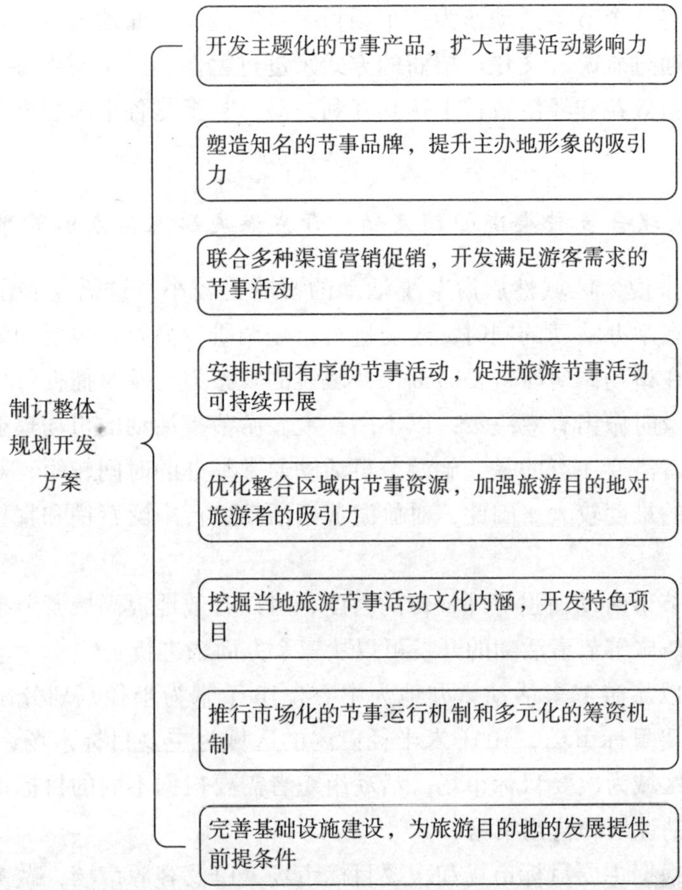

```
                    ┌─ 开发主题化的节事产品,扩大节事活动影响力
                    │
                    │  塑造知名的节事品牌,提升主办地形象的吸引力
                    │
                    │  联合多种渠道营销促销,开发满足游客需求的节事活动
                    │
   制订整体         │  安排时间有序的节事活动,促进旅游节事活动可持续开展
   规划开发   ──────┤
     方案           │  优化整合区域内节事资源,加强旅游目的地对旅游者的吸引力
                    │
                    │  挖掘当地旅游节事活动文化内涵,开发特色项目
                    │
                    │  推行市场化的节事运行机制和多元化的筹资机制
                    │
                    └─ 完善基础设施建设,为旅游目的地的发展提供前提条件
```

图4-7 区域内节事资源整体规划开发方案示意图

(二) 塑造知名的节事品牌,提升主办地形象的吸引力

区域性的旅游节事活动举办时,需要自身形成一定知名度,建立自主的旅游节事活动品牌,进行品牌化经营和营销,以加强旅游节事活动的影响力和竞争力,进一步强化旅游节事活动的品牌效应。

如今,人的生活水平逐渐提升,人们对于产品的需求不只是停留在最基本的需求上,而是更加关注产品的品牌、质量、档次、格调等一系列精神层面的因素。品牌在旅游节事活动中占据着重要地位,也是旅游节事活动市场竞争中最为关键的因素。因此,广西旅游节事活动的组织者应当更加注重节事活动品牌的创立和塑造,如此,才能以此为支撑,使旅游节事活动独立成为一个可以立足的产品。在旅游节事活动品牌的塑造中,应当在市场规律的框架下，将整个节事活动作为一个项目来系统地、全面地进行运作。将旅游节事活动通过旅游、文化、招商的方式来进行运作，以实现旅游节事活动举办地在社会效益和经济效益上达到互利共赢，甚至是各个参与方多方获利的效果。

（三）联合多种渠道营销促销，开发满足游客需求的节事活动

通常来说，区域性旅游节事活动的影响力较小，这需要旅游节事活动的组织者在举办活动的同时，还要进行市场调研，另外，也要加强宣传推广的强度。在市场调研时，要时刻保持敏锐的观察力，及时捕捉市场信息，对市场变化及时做出有效决策，以不断扩大旅游节事活动的市场辐射范围。活动的组织者需要注意的是，旅游节事活动通常举办的时间较短，对其进行临时性调整的难度较大。因此，对旅游节事活动进行广泛营销和宣传变得尤为重要。

旅游节事活动加强对外宣传的力度，可以有效地提高旅游节事活动的知名度。广西旅游节事活动的开发可以从三个方面来进行：

（1）以旅游节事活动举办地为中心，10千米为半径，划分出主要目标市场和次要目标市场，10千米半径以内的区域为主要目标市场，10千米半径以外的区域为次要目标市场。活动组织者需要根据不同的目标市场，制定不同的营销计划和营销策略。

（2）根据主要目标市场和次要目标市场，以及客源市场，做系统而全面的调查研究，从调查和具体数据中了解和分析游客的根本需求点。

（3）旅游节事活动的组织者一方面要提升自身旅游节事活动产品的质量和服务，开发具有本地特色的旅游节事活动的相关产品，同时，还要最大限度地满足游客多样化的需求；另一方面，组织者还应当采用多种宣传促销方式，对旅游节事活动的相关形式和内容进行广泛而深入的营销，将全面而有效的信息通过最直接的方式传递到目标游客处。例如，通过互联网、户外广告牌、电视广告、海报、宣传手册、杂志报刊、旅游节事活动形象代言人等方式进行宣传。

（四）安排时间有序的节事活动，促进旅游节事活动可持续开展

旅游节事活动与及其举办地附近的资源在整体旅游节事活动产品上具有紧密的关联性。广西一些旅游节事资源本身在时间和空间分布上具有一些固有特性，这也为旅游节事活动的开展提供了可持续发展的路径。广西具有亚

热带季风气候和热带季风气候两种气候类型，季节的可选择性有助于广西旅游节事活动的开发有更多的可选项。因此，活动的组织者在旅游节事活动的时间性规划上应留意其有效的协调性。

（1）要注意旅游节事活动在时间上的连续性，旅游节事活动可以均匀分布在一年当中的各个时间段，营造出持续性的旅游氛围，在时间上形成一个旅游节事活动的链条。

（2）根据广西旅游节事资源最佳观赏期的特定性和时段性，在进行旅游节事活动的开发过程中，应当兼顾某些节日自身的时间特性，这一因素也在某种程度上限制了一些节事活动举办的时间。但随着技术的不断更新，旅游节事活动的时间性限制可以在一定程度上进行改进，运用一些现代技术的支撑，一些旅游节事活动可以突破时间的约束。

（3）旅游节事活动在举办的过程中，应当注意活动在时间上的合理性安排，以及时间上的均衡与衔接。每次旅游节事活动的举办要有所侧重，制造出旅游节事活动的故事性和情节性，前期有铺垫和悬念，中间有高潮，结尾可回味，让游客在观赏完一场旅游节事活动后，可以留下较为深刻的印象。同时，省级大型旅游节事活动可以和市级旅游节事活动进行有效结合，而市级旅游节事活动同样可以和县级旅游节事活动进行广泛的衔接和结合，共同形成一个良性的互动整体，让旅游节事活动持续不断地举办，通过每次活动的独特内涵，制造旅游节事市场的兴奋点，增强旅游节事活动在旅游市场上的吸引力。

（五）优化整合区域内节事资源，加强旅游目的地对旅游者的吸引力

旅游节事活动举办地之间是一个相互依存的整体，其间包含各个可以相互融合的内容和因素。具有一定相关性的旅游节事活动的举办地可以进行有效的节事资源整合，共同形成一个统一的旅游节事活动整体，对单独区域内的节事资源，可以通过"点·线·面"的框架来进行联结，使彼此间形成一个相对集中的旅游节事活动的集群中心。"点"是每个旅游节事活动的举办地，"线"是各个活动举办地间的交通线路，"面"是活动举办地所辐射的有效范围，当旅游节事活动举办地之间进行有效的联结后，原来各个"点"的辐射范围会因为彼此之间的相互作用而进一步扩大。最终，所形成的整体辐射范围会比各个单独的举办地的影响范围之和有更大程度的扩展。所形成的旅游节事活动的集群，会带动更多的产业和行业的经济发展，而其他相关产

业的发展也会反过来进一步刺激旅游节事活动持续繁荣。

（六）挖掘当地旅游节事活动文化内涵，开发特色项目

文化是节事活动的灵魂。[①] 广西有着悠久的历史和人文环境，有着诸多旅游名胜，具有满足游客各种需求的潜力和底蕴。但旅游节事活动的组织者应当在此基础上，做更深入的产品开发，将旅游节事活动的文化内涵进行多角度、多层次挖掘。同时，还要兼顾游客对旅游节事活动产品的需求，来进行有针对性的产品研发工作。要从传统的文化元素中提炼新的文化内涵，从民族特色的元素中，提取适于当下人们热衷的时尚内容，将旅游节事活动的传统性与现代性进行有效结合，并在结合的过程中，发挥旅游节事活动组织者的创造力和创新精神，这也需要组织者投入更多的时间、财力、精力，将各种文化元素整合在一起，最大限度地突出旅游节事活动的特色，逐步形成具有自身特色的旅游节事活动的项目。

旅游节事活动想要可持续地、健康地发展，必须重视对相关专业人才的培养和引进。政府可以协调相关资源，引导一些企业、公司或个人参与旅游节事活动的策划和举办，可以加大专业人才的引进力度，同时，也可以引进一些先进的运作和营销理念。活动组织者应加强对相关人员的专业技能培训，为旅游节事活动培养一支专业化的人才团队。

（七）推行市场化的节事运行机制和多元化的筹资机制

广西旅游节事活动在发展阶段进行运作时，政府发挥着重要作用。旅游节事活动由政府主导是一个通常做法，但随着旅游节事活动的不断发展壮大，政府就不适合再进行过多的指导和干预，而应当将旅游节事活动交给市场来筛选。在市场化的锻炼中，旅游节事活动才可以发挥出创新和活力。而一些创新的想法想要完整地实现，需要大量资金的支持。

相比较来说，旅游节事活动是一个投入较大的项目，需要有大量资金作为支撑，因此，资金链对于旅游节事活动的组织者来说较为重要。如果仅仅依靠政府的专项拨款，或是通过信贷的方式获取资金，其中有诸多不确定性，另外，不能形成一个稳定的资金基础。在当下市场经济的大背景下，广西旅游节事活动的开发，可以充分利用金融市场的灵活性，进一步拓宽筹资的渠道和方式，通过更加多元化的筹资方式筹集资金，并且在旅游节事活动

---

① 纪国明. 大连节事旅游开发对策研究 [J]. 旅游经济, 2009（7）: 138-140.

内部建立起一个多元化的筹资机制，增强旅游节事活动资金的稳定性和持续性。旅游节事活动有一个稳定的资金来源，可以保证后续活动的顺利开展，同时，也可以保证活动的一些规划方案得以完整实施落地。旅游节事活动有了完善的配套设施和完备的服务体系，才可以更好地为游客提供各式服务，满足游客多样化的需求。

旅游节事活动进行市场化运作，活动的成败由市场和游客来决定，活动的组织者需要摆脱依赖政府的被动发展想法，在活动的举办和运作过程中，要主动进行管理，敢于尝试，勇于创新，在不断学习和创新中，逐步提升旅游节事活动的整体发展质量。

（八）完善基础设施建设，为旅游目的地的发展提供前提条件

旅游节事活动的举办很大程度上依赖基础设施建设，如果没有较为完善的基础设施，一些规模较大的旅游节事活动便不可能顺利举办，这些基础设施包括便利的饭店和住宿、多样的餐馆业、快捷的通讯和交通设施，以及完善的社会化服务体系。因此，完善广西旅游节事活动的基础设施建设对于活动的开发有着重要的作用。

旅游基础设施的优劣直接影响着旅游产业的整体长远发展。广西的经济发展还有较大的增长空间，由于地区经济总量的限制，在旅游基础设施的投入和建设上与旅游经济发达地区还存在着一定的差距。尤其在少数民族聚居地区，诸如旅游交通设施、住宿以及旅游厕所等配套的旅游基础设施还需要大量的资金投入，不断进行完善，才可以进一步满足少数民族地区旅游节事活动的发展需求，进而满足游客的旅游体验，带动当地旅游经济的发展。

虽然近些年广西在商贸会展和体育旅游的基础设施进行持续投入，主要侧重于南宁市，而其他诸如柳州、桂林、玉林以及梧州等同样举办商贸展会的城市，相关的旅游配套设施还需要不断加强。在进行旅游基础设施建设的过程中，政府应当起到主导作用，充分吸纳社会资本以及企业资本，实现节事旅游的商业化运作，提高旅游基础设施的质量和等级，使其成为广西旅游节事活动发展的重要动力来源。

旅游基础设施是广西旅游节事活动向前更好更快发展的基础支撑条件，在条件允许的前提下，旅游当地应当定期提升基础设施的技术含量。在资金有限的条件下进行旅游基础设施投入时，可以分步骤、有侧重点地进行投入，先将资金投到最急需的旅游基础设施中，满足当地最基本的旅游节事活动的需要。前期在进行旅游基础设施建设时，要以满足最低设施需求为标

准，而后再根据旅游节事活动的发展情况以及当地整体经济实力，进行基础设施的更新与升级。

更具体而言，在旅游交通设施方面，保证最基本的公路交通的畅通，经济水平达到一定水平后，再配以高速公路、水路、铁路、空路等。

需要补充的是，旅游节事活动是旅游产业升级换代的重要凭借，同时，其也是拉动旅游节事活动举办地经济发展的主要动力，顺应了广西的整体发展趋势。广西旅游节事活动的开发应当根据自身条件，走"以节宣市、以节名市"的举办地品牌形象的推广宣传道路，从广西旅游节事活动所面临的挑战和机遇入手，提出从品牌策略、营销策略、筹款机制、运作机制、基础设施、节事时间等方面打造高收益的可以满足游客需求的旅游节事活动产品，扩大广西在国内及国外的旅游知名度和影响力，真正实现参与旅游节事活动各个主体的共赢，走出一条适合本地区发展的创新之路。另外，不断深化专业化、市场化、系列化、产业化的发展道路，不断促进旅游节事活动的高质量发展。

第五节　注重节事活动的时间性以促进旅游节事活动可持续开展

每一项旅游节事活动都会受季节和时间的限制，都会按预先策划好的时间流程开展并举办。

旅游节事活动对节事的依托性决定了旅游节事活动的开展与节事的举行是同步的。节事活动作为一种区域形象和传统文化的表现方法，通常来说举办时间是相对固定的，由此就使旅游节事活动必须要在这一时间段内举办。游客通常只能在旅游节事活动举办期间享受节事活动的魅力，满足自身对旅游节事活动的强烈需求。而当旅游节事活动一旦结束，游客便无法继续参与节事活动，因此，旅游节事也就无法开展。从中也可以看出，旅游节事活动具有很强的时间性。

旅游节事活动的组织者，必须要充分考虑时间性因素，同时要将时间性作为旅游节事活动策划和组织的关键因素。

旅游节事活动属于周期性举办的活动，通常来说是一年举办一次，而有的节事活动可能两年或四年举办一次，但也有的节事活动可能会在一年之中举办几次。旅游节事活动的时间性和周期性可能会存在较大的差异性。最初的节日和农时、节气有密切关系,而农时和节气都有较为明显的季节属性,因此,与之相关的节事活动也有着明显的周期性。而有些节事的周期性和时间性是由节事活动的性质而决定,另外一些节事活动与季节性的资源有着紧密的关系,例如冰雪节等,还有一些节事活动需要在特定时间中举办,例如葡萄节、桃花节等。

进行旅游节事活动的策划和设计,除了要考虑三维空间的长宽高、平立剖,还要考虑"时间"的维度。旅游景区中"遗产类旅游吸引物"在其中占有较大的比例,遗产主要分为自然遗产和人文遗产两种,遗产之所以可以体现出独特的价值,成为旅游景区的主要组成部分,其中一个原因,就是因为其含有时间维度。

特殊的旅游节事活动的一个显著特征是短期性。旅游节事活动的时间并非随意而定,通常会根据当地气候、交通情况、主题的确定、经费的落实情况、旅游淡旺季、接待能力、策划组织所需时间等条件,这些都需要从实际情况出发来具体确定。如果频繁地举办一个旅游节事活动,可能就很难保持第一次举办时现场的效果和氛围。如果旅游节事活动举办的频率较低,经过很长时间才举办一次,对于活动的组织者来说,则不能从旅游节事活动中获取足够的利益。因此,活动的组织者应当合理控制旅游节事活动的举办频率。

旅游节事活动的组织者需要根据当地气候来决定活动的举办时间,组织者应当分析往年当地的气候数据,或是调取当地气象局数据,研究在旅游节事活动举办时间段内的天气情况。如果在举办期间出现恶劣天气的概率较大,则可以将日期进行适当调整。假若在旅游节事活动举办期间出现恶劣天气,例如,出现暴雨天气,即使游客对旅游节事活动的热情依然高涨,活动的组织者继续举办活动也会面临很多棘手的问题,并且活动所呈现的效果也会大大降低,影响游客参加旅游节事活动的积极性。另外,游客在前期准备参与旅游节事活动时,如果知道届时天气不理想,则会直接取消此次行程。因而,活动组织者应当随时关注天气情况,同时还要长期关注天气情况,以便更好地安排旅游节事活动的后续各项工作。

旅游节事活动的交通情况对旅游节事活动的安排也会产生直接的影响,活动组织者需要提前考虑活动举办前几天、举办期间、活动结束后的交通情况。当然,活动的组织者还需要考虑活动举办地周边的交通情况,其是否可以影响到活动的举办。

旅游节事活动举办的时间,要考虑活动所确定的主题,如果确定的是夜晚的活动主题,而活动的组织者将时间主要安排在白天,则无法配合活动的主题，让游客摸不着头脑，感觉奇怪。因此，活动举办时间的确定需要根据活动的主题内容而定，与主题相协调。旅游节事活动的时间性与活动主题可以综合起来进行探讨，最后，可以同时确定活动的举办时间和活动主题。

旅游节事活动举办的时间，要考虑活动资金的情况，如果资金迟迟到不了位，资金的来源不稳定，则活动的举办时间就不容易把握，这其中涉及了人员的工资，旅游节事活动相关的营销宣传花销。活动组织者需要先确定资金的来源和使用期限，以在此基础上，进行活动资金的合理筹划。有时，活动的组织者需要根据资金的使用期限来安排旅游节事活动的筹办。

旅游淡旺季是旅游节事活动举办时间中一个较为重要的影响因素。通常来说，在旅游旺季，游客会有更充裕的时间参加旅游节事活动，而在旅游淡季时，游客旅游的时间通常更少。另外，借着大部分人旅游出行的大环境，游客也会有更强的消费欲望，这也是举办旅游节事活动的趋势。活动组织者可以借助这一旅游大势，将旅游节事活动安排在旅游旺季时间段中。但并不是说，在旅游淡季就没有任何机会，如果活动组织者有独到的眼光和创新之处，可以将旅游节事活动的举办时间安排在淡季，通过其独特的特色，吸引热衷于此的游客。如果活动的组织者在旅游淡季依然可以让旅游节事活动呈现火爆而热闹的场面，则活动在旅游旺季会更加引人注目。

旅游节事活动的时间安排，需要考虑活动组织者的接待能力，选择在哪个时间段举办，举办的时间长短等都需要根据组织者的接待、组织、管理能力来进行综合协调。如果旅游节事活动的组织者接待能力有限，则应当把活动的举办时间有意进行拉长，以最大限度缓解组织者在短时间内接待大量游客的问题。而如果活动组织者具有较强的接待能力，则可以将活动的举办时间缩短或是拉长，组织者可以自由地安排举办时间，在时间安排上可以有较大的自由度。

旅游节事活动的组织者在活动举办前期需要提前知道活动的策划和组织所需要的时间，并以此为依据，在确定旅游节事活动的举办时间里，应当将这一因素考虑在内。

旅游节事活动在一个较短的时间内举办，需要组织者对相关接待工作提前做足充分的准备，例如，饭店客房、接待基础设施、交通设施等，这对于旅游节事活动的组织者来说，既是一个挑战，也是一次绝好的机遇。如果组织者可以抓住这个短暂的机遇，不仅在旅游市场上产生一定的影响力，同时，也可以验证自身的组织接待等各个方面的能力。

旅游节事活动的时间性还需要考虑三个方面的问题，以更好地促进旅游节事活动的可持续开展。

第一，在旅游节事活动的筹备阶段考虑时间性问题。旅游节事活动的组织者在活动的举办时间确定后，其他相关工作就可以按部就班进行。活动相关工作可以通过活动举办时间来进行时间上的划分，制定活动筹备的相关计划。

第二，在旅游节事活动举办时兼顾时间性问题。组织者要根据实际活动的举办情况，灵活调整相关的旅游节事活动时间。同时，组织者还要及时把握活动的进展情况。

第三，在旅游节事活动举办后评价活动的时间性问题。在旅游节事活动举办后，活动的组织者需要对活动的时间性问题进行有效评价，以便后期活动组织者可以根据以往的数据总结经验，为日后活动的举办提供基本的支撑。

第六节 旅游节事活动与地域旅游互动发展

旅游节事活动需要与地域旅游进行结合，相互促进，共同发展。旅游节事活动与地域旅游互动发展可以从三个方面来展开：政府方面、企业方面、行业协会方面，如图4-8所示。

图4-8 旅游节事活动与地域旅游互动发展示意图

一、政府方面

（一）政府牵头，联合营销，树立统一的旅游节事活动形象

旅游节事活动树立一个统一的形象至关重要。在旅游节事活动举办前

期，广西壮族自治区政府应当积极发挥其主导作用，树立一个统一的、整体的旅游节事活动形象。建立统一而有效的管理机构，对旅游节事活动进行全面而系统的监督，是政府的首要职责。活动组织者可以自行塑造旅游节事活动的形象，政府应引导活动组织者明确旅游节事活动形象的大方向，并维护好旅游节事活动的形象。同时，政府可以成立市场开拓和旅游联合营销组织，用于旅游联合营销的市场调研、形象树立、行业间的统筹协调、市场信息发布等方面的工作，为旅游联合营销的活动组织者做好市场开拓发展的引导工作。广西壮族自治区政府可以针对旅游联合营销潜在的市场进行协调，让相关旅游企业参与进来。另外，广西壮族自治区政府在旅游联合营销中要关注旅游业的头部企业协调、组织和发展工作，最大限度地让旅游节事活动的参与者发挥其影响力和开拓能力。同时，广西旅游行政主管部门和旅游行业协会应当积极主动地配合旅游节事活动的组织者做好旅游节事活动形象塑造的工作。

（二）专业运作广西旅游节事活动，使其品牌统一化

广西旅游节事活动发展过程中的一个有待提升之处是旅游节事活动专业性的人才储备不足。广西壮族自治区政府应当鼓励并支持活动组织者选择有经验且专业的旅游节事活动组织者或相关策划人员来运作旅游节事活动，使其品牌统一化。政府还可以邀请相关的专业人才，共同建设广西旅游节事活动研究中心等研究机构或展览机构。通过举行"广西旅游节事活动专题研讨会"等形式，邀请旅游学界、民俗学界、文化学界等相关业界的学者、专家，为广西旅游节事活动的发展提供理论支撑和文化助力。同时，再结合广西当地其他特色旅游资源进行优势共享，资源互补。构建结合旅游、生态旅游、特色旅游、人文旅游的创新旅游的理念，围绕"食、住、行、游、购、娱"等各环节，通过节事庆典、歌舞演绎、美食文化、城市建筑、街道绿化等各种形式加强广西旅游节事活动的文化内涵的尝试挖掘，进一步完善广西旅游节事活动的产业链体系。

二、企业方面

（一）加强企业分工合作，发挥产业集群优势

当前，与广西旅游节事活动相关的企业和公司之间，缺乏明确而精细的产业分工，产业特色也不够突出，企业间旅游节事产品的相似度较高，这在

很大程度上限制了广西旅游节事活动产业集群优势的显现。旅游节事企业要想高质量发展，应当依靠同行业之间的优势互补以及合理而精细化的产业分工，依靠产业集群的优势效应，不断完善旅游节事活动企业自身的科学化管理和创新性发展，这样才能最大限度地促进广西旅游节事产业链的均衡、有序、可持续、共同的发展。与此同时，广西旅游节事龙头企业可以在产业集群中大力宣传自己的旅游节事品牌观念，为广西旅游节事产业服务，建立完善的旅游节事市场网络以及营销渠道，进行规模化发展，进而有效地发挥龙头企业的带头引领作用。

（二）企业协调设计旅游线路

广西各大旅游企业要站在固有的节事资源的基础之上，共同打造具有广西特色的品牌形象。在旅游节事活动产品设计方面，企业要将旅游节事活动纳入旅游线路中，并提供相应的旅游服务，为来参加旅游节事活动的游客提供旅游和购物咨询，并按游客的要求设计合理的短途旅游路线。与旅行社合作，精心设计以旅游节事活动为主题的精品旅游线路，把旅游节事活动纳入每个精品旅游线路方案中，形成旅游节事文化与生态旅游等相结合的旅游产品。在广西壮族自治区政府的牵引下，龙头旅游企业要全力推动旅游节事活动开展，从而带动当地旅游业的发展，力争把广西当地具有特色的旅游节事活动办成国内知名的旅游节事品牌。

三、行业协会方面

广西旅游节事活动与地域旅游互动发展是一项长期的、系统的、复杂的过程，其涉及的范围较广，所涉及的程度也更深，只是依靠一个部门，是无法将这项复杂的工作做到位。在行业协会方面，可以通过广西旅游节事行业协会进行协助，加上政府的支持，共同形成合力，如此一来，才可以把二者的互动发展向高质量发展的方向推进。

旅游节事行业协会需要深入目标市场，扎根于目标群体，收集、分析、汇总关于旅游节事活动的信息和数据，尤其重要的是对旅游节事活动发展有促进作用的政策信息，及时并有效地与政府相关部门进行沟通。同时，还要与旅游节事企业的相关部门合作，带动其他旅游节事企业共同发展，共享旅游节事资源，为广西旅游节事活动的长远发展献计献策。从广西壮族自治区政府角度来看，应当对广西旅游节事行业协会有政策上的大力支持、经济上的帮扶，同时，还要有具体措施的落地。当地政府可以在区域范围内，支持并鼓励当地人认可旅游节事行业协会的发展，让协会工作可以顺利并高效地开展。政府应当为旅游节事活动与地域旅游互动发展创造舒适、高效的政治环境，加大对旅游节事行业协会的支持力度，适时邀请相关领域的专家为旅游节事活动的发展建言献策，吸引更多有经验的、专业的旅游节事人才为协会以及当地旅游节事活动服务和工作。

第五章 广西旅游节事活动营销管理研究

在广西旅游节事活动的发展对策的基础，需进一步对节事活动进行营销管理，可以借鉴国内及国外旅游节事活动成功的营销经验，以现代营销观念进行管理，从市场定位、产品和定价、分销及促销、市场化动作、营销战略几个方面逐一落实营销管理行为。

第一节 国内外旅游节事活动营销经验借鉴

一、国内旅游节事活动营销经验借鉴

从当前看，国内举办旅游节事活动比较成功的有青岛国际啤酒节，截至2022年，青岛国际啤酒节已成功举办32届，其中丰富的活动经验值得借鉴和学习，如图5-1所示。

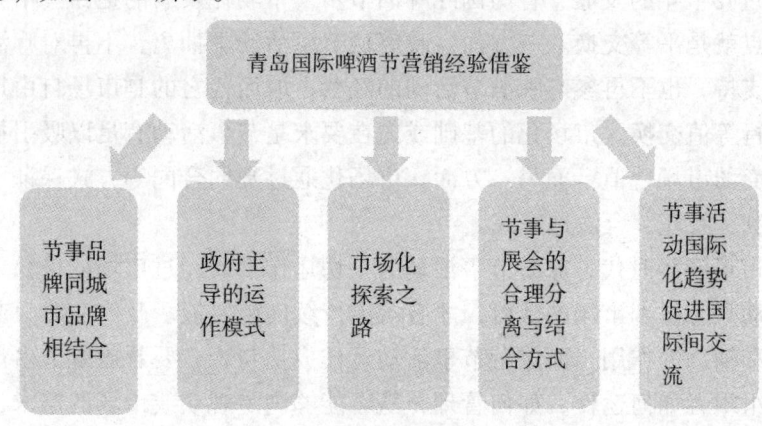

```
            青岛国际啤酒节营销经验借鉴
    ┌──────────┬──────────┬──────────┬──────────┬──────────┐
    节事品牌    政府主导    市场化     节事与展     节事活动国
    同城市品    的运作模    探索之路   会的合理分   际化趋势促
    牌相结合    式                     离与结合     进国际间交
                                       方式          流
```

图 5-1 青岛国际啤酒节营销经验借鉴示意图

(一)节事品牌同城市品牌相结合

从文化方面来看,青岛国际啤酒节充分利用当地文化传统,把节事旅游与当地文化和城市特征、品味、魅力相结合。例如,青岛是啤酒的故乡,从多年节事活动的举办情况来看,青岛依靠本地独特的啤酒文化特色,以节事活动带动城市整体发展,打造城市名片,持续塑造城市形象。

文化是旅游节事活动营销的一个重要抓手,站在文化角度来看,当地需要将文化与旅游节事活动进行整合,以当地文化带动旅游节事活动的发展,旅游节事活动要与城市的整体发展相协调。旅游节事活动的品牌假若在一座城市经过长时间的经营,产生了持续的影响力,就有可能成为城市的品牌。城市名片可以由多个部分构成,而旅游节事活动品牌影响力可以成为城市名片的重要组成部分。

(二)政府主导的运作模式

青岛国际啤酒节在举办初期时,由政府支持并培育,在组织运作上,设置了节事活动组委会,对节事活动进行策划、协调和实施。例如,青岛专门设置重大节庆活动办公室以及啤酒节办公室等常设机构。

由政府介入,可以为旅游节事活动提供有力的政策或资金的支持,旅游节事活动可以借助政府所提供的资源和平台,最大限度地扩展营销渠道,丰富营销方式,通过各种方式最大限度地惠及受众群体。

(三)市场化探索之路

经过几十年的发展,青岛国际啤酒节步入市场化发展的道路。市场化的本质特点就是平等交换。一方面,政府从节事活动中抽离,不再对啤酒节提供资金支持,也不再参与啤酒节活动的经营,取而代之的是市场自由地、自主地进行等值交换。市场化的基础或内在要求是节事活动有足以吸引投资者或赞助商的市场价值。而另一方面,市场化通过契约合同等方式保证了市场交换顺利、有序、合法地完成。

在市场经济时代,旅游节事活动的一切运作都要经过市场的检验,旅游节事活动只有得到市场的认可,才有可能持续向前发展。政府此时只起到一个引导和辅助的作用,而旅游节事活动运作成功与否,要看旅游节事活动举办方和组织者如何运作,如何管理,是否能够满足观众或市场的需求,是否可以充分展现旅游节事活动的独特性,是否可以自负盈亏,维持自身的生存和发展。旅游节事活动进行市场化运作可以使节事活动更加规范，在一个公平、有序的环境中，每个参与的主体都可以在良好的秩序中经营和发展。旅游节事活动进行市场化的基础是其具有市场价值，这一市场价值的根本体现在于旅游节事活动本身独特的文化属性，以及观众的忠诚度是否较高，市场反应是否热烈等。

（四）节事与展会的合理分离与结合方式

国内很多节事活动通过多年的探索和实践，摸索出了一些宝贵经验，取消了一些市场反应不显著的大型开幕式和闭幕式活动，这些活动往往耗费举办方大量资金，收效却甚微，投入与收益落差较大。更多节事活动的举办者将节事活动与博览会分开。这一做法从思想上摆脱了长期以来的"文化搭台、经济唱戏"的束缚，同时，也使节事活动与会展、文艺演出之间有了清晰的分界，彼此之间都不会相互影响，各自发挥自身优势。如此一来，会展或文艺演出能够以更加专业化的形象出现，而节事活动也可充分发挥自身的文化魅力。

除此之外，节事活动与会展或是博览会之间进行关联，可以相互造势，相互辉映，在优势互补中达到"1+1>2"的效果。旅游节事活动与会展或是博览会之间进行结合，需要达到优势互补或是相互促进的效果，若两个活动相互结合或是关联后消极影响大于积极影响，则两个活动不适宜结合。旅游节事活动与会展或博览会分离或结合的选择，需要根据举办地具体情况来定，当然也需要根据旅游节事活动和会展或是博览会的具体活动主题以及相关内容等进行综合权衡。

（五）节事活动国际化趋势促进国际间交流

节事活动国际化的趋势主要表现在名称越来越国际化，除此之外，其举办的活动、参与者、活动策划等逐渐表现出国际化趋势。与此同时，节事活动的举办形式、口号宣传以及节事活动的承办经验，在保持自身特色的基础上，也借鉴了国外经验，增加了国际间的交流。

通常来说，旅游节事活动首先要在国内有一定的影响力，有一定的观众基础，而后再进行国际化的发展规划。但旅游节事活动的策划和发展没有特别固定的要求，旅游节事活动在一开始就可以做好国际化发展的准备，从举办初期就做好长远的规划和设计，对旅游节事活动的发展有积极的促进作用。如果一开始，旅游节事活动就瞄准国际市场，则在举办之初就应当保持国际间交流。在初期节事活动的名称设计、举办形式、口号宣传等一系列相关事宜中，立足国内，持国际性视野，随时关注国际旅游节事活动的发展动向，及时对最新的发展消息做出反应。在紧跟最新形势的前提下，保有自身的特异性。

二、国外旅游节事活动营销经验借鉴

从国外大型旅游节事活动来看，其主要的营销经验有三点，如图5-2所示。

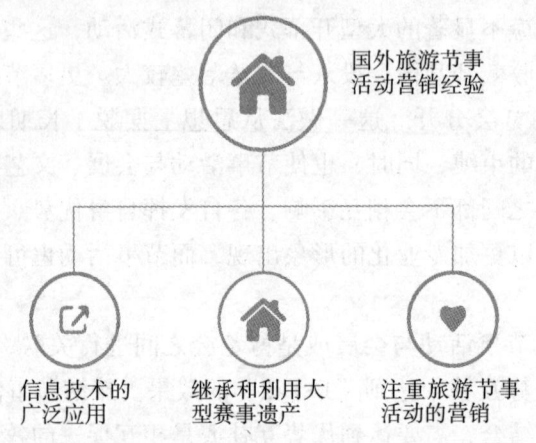

图5-2 国外旅游节事活动营销经验借鉴示意图

（一）信息技术的广泛应用

国外大型旅游节事活动通常通过电视、电脑、手机等传播媒介对活动进行宣传，通过信息技术的充分运用，将旅游节事活动传至国内或全世界。国外旅游节事活动利用移动终端手机便利的沟通方式，将节事活动的情况进行实时传送，还提供不同语言的翻译，这种便利且全面的传播方式，打破了地域限制。除此之外，节事活动的主办方还邀请大量志愿者参与到活动中，这既提高了参与者参与活动的积极性，对活动的宣传也起到更好的效果，同时，也节省了活动主办方举办节事活动的人力、物力、财力。

最新的科技发展是旅游节事活动发展的助推剂，旅游节事活动需要借助最新的科技和信息技术的成果，进行营销宣传。大数据、人工智能、云计算、虚拟现实、增强现实、5G技术等，都可以运用到旅游节事活动的营销中。这些技术都是一种传播工具，辅助旅游节事活动的营销更加丰富多彩，覆盖更大范围。新技术的使用可以持续不断地降低旅游节事活动的投入成本，不管在人力、物力，还是在财力上，都可以让节事活动运行更为高效。

（二）继承和利用大型赛事遗产

足球世界杯、奥运会等国际性大赛，带给举办国的机遇可能是百年一遇的。但通常来说，大型国际性赛事真正比赛时间可能只有短短几个星期，举办国如何在最大程度上充分利用大型国际赛事的影响力来发展本国经济，是一个需要慎重思考的问题。一般看来，在大型赛事举办前后的一段时间内，不管是在旅游接待设施，还是在相关赛事服务系统等方面，都会对举办国产生积极影响。举办国在赛事开赛前，对旅游接待、场馆设施、交通配套、相关软硬件系统、志愿者团队、开闭幕式统筹、相关城市基础设施建设、人员配备等一系列相关事项都要进行周详地安排和设计。赛前或赛后事宜是展现本国或本地区文化、精神风貌、人文素养的绝佳时机。在赛后，所有办赛的经验和模式都可以成为宝贵遗产、长久精神和文化财富，作为今后本国或本地区赛事精神、文化、影响力的延伸和拓展。同时，也会持续性地为举办国带来源源不断的客流，国家或地区的品牌知名度也会随之提升。

举办地要想充分利用大型赛事资源，在申办赛事的同时，就应当长远考虑赛事承办的相关事宜及其带来的影响，而不只是将一场赛事带来的影响力只局限在举办周期这一狭小的时间范围。通常来说，举办地从承接大型赛事开始，各相关组织方为此所做的准备、筹划、管理以及人力、物力、财力的持续投入，所带来的影响不只限于大型赛事本身，还会更多地直接影响举办地所涉及的相关软硬件设施，以及周围的社会环境、经济环境、人文环境等。对举办地产生的长期影响和改变是大型赛事给举办地带来的最为主要的影响，举办地可能因为举办一场大型赛事，在社会治理、经济发展、生活环境等各个方面可能都会有根本性的改变。举办地在大型赛事举办后，可以继续借助赛事的影响力，持续发展旅游业。举办大型赛事的场地或场馆可以继续承接国际性大赛，或改造为供人们休闲娱乐的场地，拓展大众体育的空间，将国际性大赛的文化或精神传递给大众。

一个最好的营销方式就是让目标消费者参与到所营销的产品或服务之中，就旅游节事活动而言，就是让尽可能多的人参与到旅游节事活动中。与只是观望一件事相比，当一个人真正在做一件事时，对这件事的认知程度与喜爱程度会有很大不同。不管一个人对自己所做的事情喜欢或厌烦的程度有多少，他都会或多或少对这件事有一定的感情，认为所做的这件事与自己有关。人们参与旅游节事活动也是同样的道理，大型赛事举办过后的遗产，其中有一部分就是让人们产生想要了解和参与旅游节事活动的欲望。同时，也因为大型赛事离自己的距离很近，从物理距离上给人一种触手可及的感受，认为自己也可以参与其中。这种在人们心中产生的影响，像一粒种子深埋在人们心中，经过时间的累积，会茁壮成长。

（三）注重旅游节事活动的营销

旅游节事活动营销主要包括旅游节事活动举办地的营销以及旅游节事活动组织者的营销。

1. 旅游节事活动举办地的营销

举办旅游节事活动需要有良好的外部环境作为支撑，旅游节事活动举办地营销的首要对象是节事活动的组织者，营销重点是宣传举办地优越的举办环境。在具体运作时，应当注意以下两个方面：

（1）由政府主导，融合营销资源。政府具有整合当地经济资源、信息资源、旅游资源、企业资源等各方资源的能力，因此旅游节事活动举办地可以将节事活动的市场化营销与政府主导结合在一起，充分整合各方资源，进行本地区的个性化展示，整体对外进行宣传。节事旅游活动的举办地，只有实施整体性的形象战略，才可以刻画出城市性格，将城市的精神风貌和文化底蕴展示出来。与此同时，在保留自身文化内涵的基础上，其还要有文化创新的意识，深入挖掘城市文化内涵，与整个城市的精气神儿和城市的发展结合在一起，才有可能获得市场认同。

（2）明确营销目的，关注价值需求。城市或地区对旅游节事活动组织者的营销要有清晰而明确的目的，要以旅游节事活动组织者的价值需求为重心。旅游节事活动的组织者更关注活动的整体成本投入以及收益，节事活动的举办地在向活动组织者进行营销时，应当针对组织者的诉求，有目的、有计划、有策略地开展营销工作，可以在节事活动组织者所关心的成本和利润方面，制定更多的策略和方案。

2. 旅游节事活动组织者的营销

旅游节事活动组织者的主要营销对象是参加节事活动的商家、政府、观众。参加节事活动的商家是旅游节事活动资金的重要来源之一，应当作为营销的重点。节事活动主要的运作基础是资金的支持，持续稳定的资金流对旅游节事活动的正常开展有着重要的作用。参加节事活动的商家，其价值诉求是通过旅游节事活动的综合影响力和关联的带动效应，直接刺激产品的销售，带动新产品的推广，与客户进行密切的沟通与交流，提升商家或企业的品位以及品牌形象。商家或企业通过参与旅游节事活动可以收获超过节事活动投入的利润，或可以收获超出投入旅游节事活动费用的品牌效益。除此之外，商家或企业可以得到相应展示自身形象或产品的足够充分的机会。参加旅游节事活动的商家或企业与旅游节事活动两方最好的合作状态是达到互利共赢，若其中一方没有获得预期的效果，则这种合作模式就不利于长久维持。

政府的支持是旅游节事活动是否可以顺利开展的重要因素，有了政府的积极参与，旅游节事活动的宣传范围也会进一步扩大，所形成的影响力也会相应地增加。政府所关注的不仅是给旅游节事活动举办地带来经济效益，同时更重视旅游节事活动是否有助于提升城市的整体形象，是否与城市的经济发展和人文环境相适宜，是否可以与城市的物质文明和精神文明的发展相协调。所有与城市形象相关的诸多因素，从更深的角度来看，都是为这个城市是否可以顺利招商引资作软实力的铺垫。站在政府角度来看，一切旅游节事活动的举办都是为城市经济和社会发展服务的，而彼此之间是否可以有效进行互补与配套，是旅游节事活动组织者营销的关键。

观众是吸引参加节事活动的商家或赞助商的一个重要因素，商家或赞助商参与节事活动的主要目的是在获得一定投资回报的基础上，将自身的品牌形象推广出去，在更大范围内扩大影响力。观众对旅游节事活动的忠诚度是一个旅游节事活动举办成功与否的关键因素，观众是旅游节事活动开展的基础保障，对于商家或企业来说，企业的形象或产品的销售，都与观众的参与热情或观众对旅游节事活动的关注程度有着密切的关系。而培养观众的忠诚度，需要旅游节事活动有独特的价值，归根结底还是旅游节事活动本身的独特性与内涵价值，而旅游节事活动通过自身的独特性与不可替代性，与观众之间产生黏性，就会形成一个稳定的观众群体，同时这个群体还会根据旅游节事活动的发展而不断扩大。当今社会发展速度不同以往，人们获取信息的渠道和方式发生了很大改变，科技的进步使人们可以更加便捷地获取自己想要的信息。因此，同十几年前甚至几十年前相比，人们的视野和知识储备大大增加，人们对一件新生事物的好奇度和关注时间大大缩短。人们也有了越来越多的个性化需求。因此，作为旅游节事活动的举办方和组织方，应当针对观众多样化的需求，做相应调整，不断推陈出新，进行个性化定制服务，采用更加多样化的形式，从不同角度展示旅游节事活动。

第二节　旅游节事活动的现代营销观念

一、旅游节事活动的现代营销观念具体内容

（一）完善旅游营销战略计划，树立良好的旅游形象

旅游市场的竞争实质上是理念、文化、品牌、忠诚游客的竞争。因此，旅行社在旅游营销中要做到以下几点：

一要制定长期战略计划，处理好市场短期效益与长远发展的关系，确立以游客为中心的服务理念。在此基础上改进营销组合，将绿色营销、关系营销、整合营销和知识营销的理念和方法融入旅游营销体系中，以树立良好的旅游品牌形象。

二要利用各种媒体，广泛宣传旅游服务项目、景点产品，如组织展览、旅游摄影比赛等，让更多的人更加直观地感受旅行社的形象。

三是导游和其他员工在工作中要注意仪表、言谈、举止等，努力为游客留下良好的印象。

四是加快完善旅游产品售后服务体系，包括对游客售后服务满意度的跟踪调查，获取游客对旅游产品的要求和意见，针对不同地区、不同年龄，不同层次的游客建立一个完备的资料库，以便今后在开发新的旅游产品时避免主观性和盲目性。

（二）组建高素质的旅游营销队伍

旅行社应重视旅游营销队伍建设，把提高营销队伍的素质作为员工建设的主要工作，选择责任心强、文化水平高、热爱旅游事业且具备开拓精神的员工作为营销人员。在各级导游证考试中要加强对法律知识的考核，督促导游人员自觉学习法律知识，强化法律意识。在经营活动中，旅游监管部门要定期深入旅游市场，加强检查和监督。

（三）发展旅游网络营销

旅行社应针对不同的营销效果制定不同策略，以提高市场竞争力。完善的信息管理系统可增强竞争力。随着网络和电子商务的迅速发展，旅游业

开始进入网络营销时代，旅游市场竞争日益激烈，营销策略也呈现多样化特征。旅游业网络营销利用互联网，对旅游市场进行更有效的细分和目标定位，对产品理念、产品定价、营销渠道服务进行规划。旅游业发展网络营销具有产品和网络两大优势：

一是由于旅游产品具有无法预先感知等特性，因此网上查询、浏览、购买旅游产品很有必要；

二是网络拥有丰富的信息源、传递速度快、覆盖面广、自主性强、反应及时、营运方式更合理等优势，可有效降低营销成本，降低游客的精力、时间、资金成本。

虽然网络营销是旅游业必然的发展趋势，但是目前仍处于较低阶段，还存在着信息源真实性不足、更新速度慢、网上交易不安全等问题，使旅游网络营销还不能完全发挥优势，成为制约旅游市场营销发展的"瓶颈"。由此可见，互联网营销与传统营销只有紧密结合，扬长避短，才能更快更有效率地满足游客的需求。

（四）加强绿色营销，促进旅游业可持续发展

随着全球环境保护意识的增强，各国都在强调经济发展应与环境保护相协调，人们都开始追求更加环保和可持续发展的绿色消费，企业也在实行绿色营销。绿色营销是指企业以环境保护为经营指导思想，以绿色文化为价值观念，以消费者的绿色消费为中心和出发点的营销观念、方式和策略，它要求企业在经营中贯彻自身利益、消费者利益和环境利益相结合的原则。在发展旅游业中，有些自然遗产和文化遗产受到破坏，如我国的敦煌莫高窟。这些损害环境资源的行为，直接影响了旅游业的健康发展。因此，我国旅游业必须走可持续发展道路，实行绿色营销。一是树立以资源价值观为中心的绿色营销观念；二是确定绿色营销目标；三是制定绿色营销组合战略。绿色营销可使旅游业真正成为与环境友好和谐的产业，符合游客回归大自然、爱护旅游生态环境的潮流，是一条较富生命力的营销策略。

（五）制定中长期市场营销规划

旅行社应根据旅游市场变化趋势，制定适合本企业的中长期旅游市场营销规划。根据游客的消费心理，深入挖掘他们的消费潜力，不断推出有新创意、有经济效益的旅游产品，开拓新的营销渠道，提高市场竞争力，增加社会效益和经济效益。

二、整合营销传播理论的发展

整合营销传播（Integrated Marketing Communication，IMC）理论最早在美国兴起，当时的美国以商品经济闻名于世。从 19 世纪开始，这一理论以其较强的实战性，被营销理论界与企业界广泛认可与接受，成为市场营销理论中最为重要的理论之一。[1] 整合营销传播理论的发展经过三个阶段：萌芽阶段、形成与发展阶段、成熟阶段。

（一）萌芽阶段

1937 年后，美国为了征召大量人员入伍参军，第一次进行了整合营销传播的尝试。美国动员诸如新闻、报纸、电影院、小说、漫画等各个渠道的大众媒体，其传播内容大量使用战争主题的爱国题材，以最大限度地激发民众入伍参军的热情。1945 年，美国军队的征兵人数就达到了 1192.8 万人，后备军的储备也达到了 2000 万。[2] 而背后的原因在于其宣传部门将传统的传播渠道与信息的传播渠道相结合，使其与潜在的征兵对象建立多方位、多渠道的联系。通过信息传播媒介的宣传与沟通，强化了人们积极参军的爱国热情。宣传部门通过这种无意识的、多种传播形式共同使用的方式，对征兵起到了更积极的促进作用。

（二）形成与发展阶段

20 世纪末期，当时的市场已经发展到以消费者为导向，而营销传播学术界也意识到当时市场的这一变化，消费者成为当时市场活动的核心，整合营销传播的概念、定义和结构逐渐形成并完善。经过物质短缺时期后，市场更关注消费者的需求，以消费者为中心，企业或公司为了适应这一市场趋势，在保证企业或公司内部人员工作协调同步的基础上，还要最大限度地与包括消费者在内的所有利益相关方保持密切的沟通与交流。当时，一些学者提出了"传播合作效应"，此后，这一效应进一步发展成为 IMC 概念的雏形。

1989 年，美国广告代理商协会（American Association of Advertising Agencies，简称 4A）提出了 IMC 定义。整合营销传播是一个营销传播规划的概念，它侧重以下综合计划的增加值，即通过评价广告、直邮、人员推

---

[1] 薛可，陈俊，余明阳.整合营销传播学[M].上海：上海交通大学出版社，2019：2.
[2] 陈海宏.冷战时期美国的军事战略与军事思想[J].理论学刊，2007（11）：105.

销和公关等传播手段的战略作用,以提供明确、一致和最有效的传播影响力。①

通过各种形式的推广和宣传,企业可以充分影响和引领目标群体的消费行为。在整合营销传播的过程中,企业要充分利用自身所掌握的各种资源,通过各种形式的宣传推广工具,使企业的产品、服务以及信息可以更为有效且便捷地到达目标消费群体中。

(三) 成熟阶段

信息技术的不断发展以及营销传播实践的不断完善,使消费者大数据库的建立成为可能,这也进一步促进了以数据库为核心的整合营销传播理论的日益成熟。这一理论表现出了更强的可操作性,更贴近于实际工作和生活。尽管世界上不同地区的市场客观情况都不尽相同,但产生于市场实践的整合营销传播理论存在着不同程度的差异,但就这一理论的整体发展而言,经过一段时间的实践与探索,该理论逐渐发展成熟,也在不断完善。

整合营销并没有一个清晰的定义,但就此进行研究的相关学者普遍认为,成功的整合营销理论应当有以下六个特征,如图5-3所示。

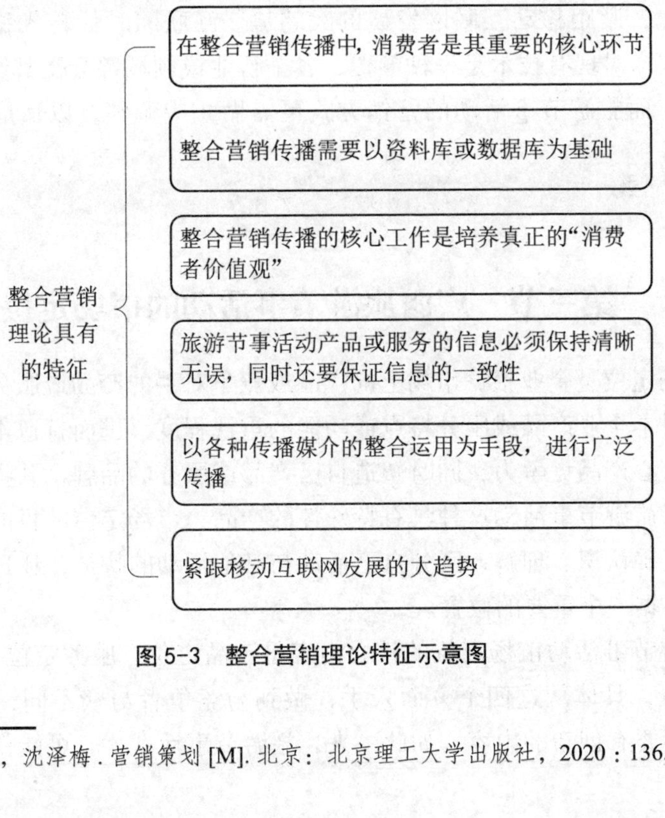

整合营销理论具有的特征:
- 在整合营销传播中,消费者是其重要的核心环节
- 整合营销传播需要以资料库或数据库为基础
- 整合营销传播的核心工作是培养真正的"消费者价值观"
- 旅游节事活动产品或服务的信息必须保持清晰无误,同时还要保证信息的一致性
- 以各种传播媒介的整合运用为手段,进行广泛传播
- 紧跟移动互联网发展的大趋势

图5-3 整合营销理论特征示意图

---
① 余敏,陈可,沈泽梅.营销策划[M].北京:北京理工大学出版社,2020:136.

第一，在整合营销传播中，消费者是其重要的核心环节。一切营销手段以消费者的需求为主，营销传播方案的制定需要围绕消费者来进行。营销传播方案的成功与否，与消费者的认可和接受程度息息相关。

第二，整合营销传播需要以资料库或数据库为基础，进而可以全面且深刻地了解消费者行为。在大数据时代，一切资料的获取基于数据的采集与处理，消费者的行为可通过数据的形式进行呈现。

第三，整合营销传播的核心工作是培养真正的"消费者价值观"，将最有价值的消费者筛选出来，并与其保持长期且紧密的合作关系。从中可以体会到整合营销侧重于有效性，也更注重将有限资源投到最有价值的地方。

第四，企业或公司不管通过什么渠道或方式进行信息传播，其产品或服务的信息必须保持清晰无误，同时还要保证信息的一致性。企业或公司在进行整合营销传播时，要保证所宣传的信息与企业或公司的实际信息相一致，切忌夸大或虚构信息进行营销。

第五，以各种传播媒介的整合运用为手段，进行广泛传播。企业或公司可以利用各种方式进行营销，并将可使用的方法进行有效整合，以达到广泛传播的目的。

第六，紧跟移动互联网发展的大趋势。互联网时代转入移动互联网时代，新技术对现有技术是一种颠覆，各个行业或领域都会受其影响，进行彻底调整，而旅游节事活动的营销方式更需做相应调整，以适应不断更新的技术。

第三节　广西旅游节事活动的市场定位

市场定位是企业根据市场上的产品或竞争对手的产品或服务，挖掘或提炼顾客对本企业产品或服务特点或功能的重视程度，进而打造本企业产品或服务的核心产品竞争力，同时塑造自己产品或服务的品牌，并得到顾客的认同。对于旅游节事活动这种具有特殊性的产品，市场定位的目的是要让潜在的顾客正确认识、理解、区分自己活动与其他活动的特征，让这一活动在人们心中占据一个重要的位置。

旅游节事活动市场定位的核心内容是产品定位、服务定位、形象定位、人员定位，具体从这四个方面入手，做到与竞争者与众不同，体现差异的同时，还要有创新的内容，如此一来，旅游节事活动才有可能得到市场的认可，在竞争激烈的市场上站稳脚跟。

广西旅游节事活动市场定位可以从四个方面来阐释，如图5-4所示。

图5-4　广西旅游节事活动市场定位示意图

一、产品差异化

产品差异化是进行旅游节事活动市场定位的出发点，其中涉及的因素包括旅游节事活动的主题、风格、特色、场地、项目等。要想将旅游节事活动自身的特色呈现出来，需要对旅游节事市场进行深入调研，同时还需要对竞争对手进行全方位分析，具体可以从两个方面来着手。

（一）旅游节事活动要与当地的特色和举办地的人文景观相结合

对于广西旅游节事活动来说，可以充分利用其独特的民族特征、自然景观、文化底蕴，向目标受众传递旅游节事活动的独特魅力。在进行旅游节事产品设计时，在保证旅游节事活动本地特色的同时，要充分考虑与国际进行接轨，利用国际化的方式办节、宣传、营销、组织，根据不同游客、市民、观众等不同层次的需求，进行多样化的旅游节事产品设计。

旅游节事活动产品的差异性主要与广西的地方特性有着密切联系，其中主要体现在节事产品的设计上，广西本地特色与国际上旅游节事活动的举办流程接轨，传统与国际化的结合，可以进一步突显产品的差异化。另外，产品的差异化需要与游客不同层次的需求相吻合，或是旅游节事活动产品的差异化，引领游客或市民多样化的需求。但从另一方面来说，游客或市民不同层次的需求，同样可以指导广西旅游节事活动的组织者在进行产品设计时，将这种需求考虑在内，设计出符合游客或市民切实需要的旅游节事活动产品。

广西旅游节事活动举办的一个目的是借助旅游节事活动来宣传、推广广西地理、文化、经济、人文、社会、风土等地域内涵；另一个目的则是提升广西本地的社会、经济、文化、旅游等各方面的综合实力。为了达到后一个目的，广西需要通过满足游客或市民各方面的需求，来吸引国内外大量游客的观光。旅游节事活动产品只是为了达到这一目的的中间媒介，广西自身的特色以及各个方面的特征元素与游客或市民通过旅游节事活动产品进行联结，而旅游节事活动成为沟通彼此的一座桥梁，旅游节事活动的组织者在其中扮演着重要角色，其所做的一切都是最大限度地为游客和市民提供所需的服务或产品。旅游节事活动产品的差异化和多样化可以增加游客和市民与广西的联结效率和黏性。

（二）产品定位与产品创新并重

旅游节事产品的定位与产品创新同时进行，要求旅游节事活动的组织者要具有敏锐的洞察力，彻底打开思维，摆脱各种限制条件的束缚，找到旅游节事活动与广西当地特色的最佳结合点。创办于1993年的南宁国际民歌艺术节，自2004年起，连续服务中国·东盟博览会的实践中，成为中国与东盟文化交流的重要平台之一。经过十多年的精心打造，南宁国际民歌艺术节多元化的音乐相互交融，传承与创新并重，已经成为广西文化传播的一场盛会。在2017年举办的南宁国际民歌艺术节上，还推出了中国·东盟（南宁）戏剧周、"绿城歌台"、阿根廷"探戈大师之夜"舞蹈音乐秀等活动，共同演绎了一场"歌的海洋"。与国际进行接轨、交流、互通，表现了广西人与世界人民沟通交流、积极走向世界的办节理念，与此同时，需要注意的是国际性旅游节事活动的延续性要长期保存。

广西旅游节事活动的组织者在进行活动产品定位之前，最为重要的就是对当前旅游节事活动市场进行深入了解和分析，组织者应当具有敏锐的洞察力，并且对市场信息要有即时的行为反馈，尽可能地获取更多信息。在对信息进行筛选和使用的过程中，组织者也会逐渐对旅游节事活动产品有一个清晰的整体设计想法，与此同时，组织者也会发现当前旅游节事活动中存在哪些机遇。旅游节事市场上的这些机遇就是产品创新的原生动力，同时，也是产品定位的依据。

广西旅游节事活动的组织者需要彻底打开思维，尽可能不受其他限制条件的束缚，将自己放在一个相对客观的位置，考虑旅游节事活动产品的定位与创新问题。在进行旅游节事活动产品定位前期，组织者需要客观地对各种信息和资料进行分析，而后还需要适当加入一些个人的主观情感与审美，让旅游节事活动产品具有一定的人文情怀，增加感性元素。

影响力不断扩大的南宁国际民歌艺术节，逐渐与国际接轨，一方面是广西本地人民与世界进行沟通交流有自发的主观意识；另一方面，随着南宁国际民歌艺术节的影响力逐渐增大，国内外有更多的人了解并参与到这一项旅游节事活动中，口耳相传中，为这一节事进行了宣传与推广。此外，不只是南宁国际民歌艺术节，广西其他旅游节事活动也需要与世界进行持续而长期的交流与沟通。只有与世界保持同步，才有可能紧跟国际旅游节事活动发展的最新趋势，同时，在进行本地旅游节事活动产品定位时，才会针对旅游节事市场，有更精准的活动产品定位，针对产品定位而进行的创新工作才会更有意义、更有效。

旅游节事活动产品的定位与产品创新之间相互依托，彼此相互作用，产品定位为产品创新提供产品设计的方向性，而产品创新为产品定位提供本质上的支持。广西旅游节事活动产品的定位与创新并重，在产品设计的方向与内容两个关键环节上可以较完整地展现旅游节事活动产品的主要内涵。

二、服务差异化

旅游节事活动本身的内容、形式、营销都属于活动基础层面的事项，而活动整体的服务水平是人们评价一场旅游节事活动质量的重要标准。旅游节事活动差异化因素包括服务的个性化、便利化、标准化等。节事活动的服务从表面上看没有重大事项，但在消费者看来，每一个细小的环节所产生的影响都有可能是巨大的。

通常来说，广西旅游节事活动外在表现出来的一些事项只是活动最基本呈现出的内容和形式，真正影响游客和市民观感与体验的是广西旅游节事活动中的服务水平和服务质量，而服务水平和质量的好坏可以长时间对游客产生影响。广西旅游节事活动服务的差异化可以通过服务的个性化、便利化、标准化三个方面来实现。

个性化服务既体现在旅游节事活动整体服务水平上，也体现在旅游节事活动细小环节的服务水平和服务艺术上。节事活动的差异化主要通过服务的个性化来展现，大到对不同游客群体制定有针对性的服务规范，小到对个人执行定制化的服务标准。广西旅游节事活动的组织方可以根据以往办节的经验，统计和筛选出不同类型游客的服务需求，针对不同需求，再配以相应标准的服务。不管是与服务相关的物资配备，还是服务标准的制定，都需要根据以往的服务实践，逐步建立完整的服务流程。

便利化服务要求在个性化服务的基础上，提高服务的效率。旅游节事活动的便利化体现在时间层面上的便利化和空间层面上的便利化。时间层面上的便利化要求旅游节事活动相关服务人员不断优化自身的服务流程，在保证服务质量和服务效果的基础上尽可能简化服务流程，以提高服务效率。此外，在每一项服务流程和环节上，应当关注服务行为的准确性和有效性，应当精简多余的服务环节。空间层面上的便利化要求旅游节事活动的组织者将服务人员和服务站点尽可能设置在服务对象附近，游客可以在第一时间享受到旅游节事活动专业的服务。另外，组织者还可以安排固定服务点与流动服务点相结合的服务形式，以增加活动服务的机动性。

标准化服务建立在明确的个性化服务和便利化服务的基础上，服务的流程和规范确定后，就需要进行服务的标准化。只有进行标准化后，服务的质量和水平才能保持一致性。服务进行标准化后，在旅游节事活动内部管理以及人员培训时，可以进行广泛复制。与此同时，活动的组织者需要将标准化后的服务流程进行整理，形成整套的服务体系，其中包含对服务水平和质量的评价体系。标准化服务也是旅游节事活动管理的一个重要部分，只有统一标准，进行节事活动管理时才有方向。

服务差异化所包含的个性化、便利化、标准化三个部分，彼此间有密切的关联性：个性化服务是服务差异化的内容和基础，其指明旅游节事活动服务的方向和侧重点；便利化服务是服务差异化的加速器，同时，也是对个性化服务的完善；而标准化服务是服务差异化的管理保障，其是在整体上对服务差异化进行规范和把控。三个部分并非独立存在，也并非有时间上的先后顺序，而是相互间有交叉和重叠。广西旅游节事活动的组织从这三个方面做好服务的差异化，节事活动的服务质量和水平也会相应地有本质性的提升。

广西旅游节事活动组织者在设计和制定服务流程和标准时，首先要把自己置于游客的位置，切身感受作为游客会有哪些需求。另外，活动组织者还要尽可能地考虑周全，即在游客产生服务需求前，组织者已做好相应的服务安排。从服务方面来看，游客的事情无小事，通常来说，游客并不会无中生有，出现的任何大小事情都有一定的原因。旅游节事活动的组织者和服务者要找出游客的真实服务诉求，再针对这些诉求提供相应的服务。

三、形象差异化

旅游节事的品牌形象是一个节事活动的价值所在，同时，品牌形象也是节事活动或是活动举办地的无形资产。首先，品牌形象的差异化要求举办地组织方对本地区实际情况有全面而系统的认识，从深层次上挖掘举办地与其他举办地的差异，并在这种差异化的基础上进行创新，尽可能做到在每一次办节的过程中都能够展现出不一样的特色。其次，打造广西旅游节事活动的品牌形象要注意做好活动的宣传、推广以及营销工作。同时，还要注意区分象征性形象和功能性形象之间的差异。象征性形象由旅游节事活动的人格化形象和自然化形象等构成。功能性形象由旅游节事活动的价格、服务效果、服务内容等方面反映活动的实际功效形象。对于广西旅游节事活动来说，在整体的节事活动产品上应当注重象征性形象的塑造，而在单项产品上应当侧重于功能性形象的展示。

人们在参加一个旅游节事活动前，大多最先关注到的就是活动的品牌形象，这也是旅游节事活动在游客心中的第一印象，旅游节事活动的所有内容、形式、内涵等信息都可以包含在旅游节事活动的品牌形象中。从表面上看，品牌形象是具象化的存在，其内在还有更多抽象的文化内涵、精神性、民族性、独特性等信息。旅游节事活动的组织者应当针对当地的独特性进行合理创新，形象的差异化不只是与其他旅游节事活动形成差异，同时，与自身活动形象形成差异性，即与此前出现过的任何活动形成差异。旅游节事活动形象的差异化，立足于当地独特的历史、社会、文化的基础上，可以较为容易地实现形象的差异化。而对这种差异化形象进行创新，则是一件较为复杂的工作，需要旅游节事活动的组织者具备创新意识，拥有广阔的视野，对新奇事物具有好奇心。

四、人员差异化

广西旅游节事活动的参与者在活动期间可能会产生许多个性化的需求，服务人员可以通过面对面或一对一的形式来完成对游客的服务，这对服务人员的素质、修养、知识、服务能力、沟通水平等方面提出了更高的要求。广西旅游节事活动的组织者应当对服务人员进行专业且严格的培训，使其具有相应的特质，即要具有相应的服务能力，要有相关的技能和知识以及前期策划、流程融合、协调团队、沟通合作等素质；善于沟通，力求理解顾客并清晰地传达相关的旅游节事活动信息；具有责任感，可以对顾客的诉求和问题迅速做出反应，可以专业且周到地提供始终如一的服务，同时要保证服务水平和服务态度，做到细致化、专业化、系统化。

每个服务人员的服务能力和水平不尽相同，接受的教育程度和人生经验均有所不同，节事活动组织者在管理和分派服务人员时，应当根据个人的差异性进行合理分配，将服务人员进行分类或归为个性化定制的服务范畴。服务人员除了要具备基本的单独服务能力，还应当具备与他人协作服务的能力、个体服务能力与团队服务能力。旅游节事活动的组织者对活动的组织协调人员和服务人员除了要在整体上进行统一培训外，对于特殊服务工作的人员，还要组织有区分的培训活动。

广西旅游节事活动应当以展示旅游资源、广西地方文化、广西民族服饰为主，以建立现代与传统相结合的广西为目标。因此，广西旅游节事活动主要是与广西有关的旅游、文化、体育、服饰的活动。广西旅游节事活动即使组织得再出色，也不可能让所有的人都对其有兴趣，它只能吸引对广西地方文化、民族服饰、旅游有浓厚兴趣的人。因此，广西旅游节事活动的市场定位应当是旅游爱好者、文化探险者、对广西充满好奇心的人群、经贸管理者。针对这些人群应当采取网络营销、组织营销、绿色营销等营销策略。网络营销可以利用企业网站、建立电子商务平台、加入经销商管理系统等方式；组织营销可以与旅游团进行合作，吸引团体游客；绿色营销侧重于宣传广西的自然地理、人文环境以及原生态等内容。

广西旅游节事活动的组织可以借鉴以往国内外旅游节事活动的经验，但其具体的举办形式、内容、活动产品的设计，通过产品差异化、服务差异化、形象差异化、人员差异化四个方面达到旅游节事活动市场定位。但在借鉴国内外经验的基础上，需要进一步进行合理创新。市场定位不应求全，而应围绕一个主要定位方向进行节事活动的产品设计，针对主要目标群体进行市场定位，以获得更高的市场收益。

第四节　广西旅游节事活动的产品及定价

广西旅游节事活动可以以"多彩广西""生态广西""魅力广西"为活动主题，以广西的原生态自然环境和人文地理为背景，按广西旅游节事活动的市场定位来组织开展活动。从活动的组织和安排上来看，主要是民族服饰、原生态节目、节庆活动等游客喜爱的内容，让游客感受广西的多样性、神奇和原生态，让游客参与到旅游节事活动中，让国内外游客看到广西的神秘，以吸引更多游客与外界的关注，真正实现广西旅游节事活动与世界接轨。

一、广西旅游节事活动的产品策略

（一）从广西旅游节事活动以往发展情况来对活动进行补充

1. 开幕式应隆重而简短

广西旅游节事活动的开幕式应有所侧重，将活动主题与主要内容进行重点强调和突出，把与广西旅游节事活动相关性不大的内容进行精简，或直接去除。开幕式的主要目的为最大限度吸引游客的关注度，因此，要最大程度突出广西旅游节事活动的亮点与独特性。开幕式可以简短，但应隆重而有力，通过展现广西自然风貌、人文地理和民族特色，将广西的历史、文化、民族等厚重且悠久的内容进行呈现。

开幕式要隆重，就是要从视觉、听觉、内心感受等多方面让观众感受到开幕式的吸引力，让观众因开幕式而对广西旅游节事活动有更大的期待。开幕式可以说是旅游节事活动的第一印象，这对观众和游客更进一步了解和认识旅游节事活动有着重要的作用。开幕式要隆重，但不应冗长，如果开幕式的节目安排没有更多丰富多彩的内容，则应尽可能地缩短开幕式的时长，将观众的注意力集中到一个较小的范围内，以此可以最大限度地突出旅游节事活动的重点。观众从开幕式中获得简单、有效的内容信息，有利于在心中产生较为深刻的印象。而观众一旦在开幕式上获得较大容量的信息，则容易让其在当时就产生强烈的刺激，开幕式结束后，由于人的记忆力的限制，观众通常只能记起其中几个亮点，旅游节事活动的组织方想要传达的主题和重点容易被观众忽视。鉴于此，广西旅游节事活动的组织者应当在缩短开幕式时长的基础上，围绕旅游节事活动的主题，不断强调、深化和延展这一主题，在观众心中逐渐巩固加深这一主题的印象。

另外，旅游节事活动开幕式相当于旅游节事活动的"引言"或"序言"，它的任务是既要将观众正式带入旅游节事活动真正的"旅途"中，还要有分寸地点出一些旅游节事活动中精彩的内容，但也只是点到而止，不能广泛地将旅游节事活动更具体深入的内容展开，调动起观众的好奇心和想要欣赏的欲望后，还要留足悬念，类似于电影结尾的"彩蛋"，让观众继续期待接下来旅游节事活动更为精彩的内容。

2. 旅游节事活动应与广西自身特色进行紧密联系

旅游节事活动应当与广西当地独特的地域性相关联，充分挖掘广西本地文化的深层内涵，筛选文化中具有典型特征的元素，使其融入旅游节事活动中。如柳州程阳八寨景区的侗族多耶、侗笛、侗族琵琶、火炉塘打油茶等非遗展示体验；来宾莫土司衙署景区可以让游客体验五百年壮族土司文化，领略千年壮锦风采；瑶族五项趣味竞技：弹弓、射箭、滚铁环、独木桥、皮划艇等活动。在广西这些具有民族特色的活动中，游客感受到的不仅是视觉、听觉、味觉上的与众不同，还有古人的生活方式、情趣、品位与智慧。

广西旅游节事活动的表演中，可以融入侗族多耶、侗笛、侗族琵琶等具有民族情调的乐器和歌舞。旅游节事活动要围绕这些民族特色，丰富其内容，扩展其形式，增加活动形式的多样性。音乐和舞蹈是可以带给人快乐、调动人各种感官共同参与的形式，音乐与舞蹈也可以被视作一种"语言"，游客通过这种"语言"形式，来了解广西、广西的民族、广西的民族文化、广西的地域特色。游客在欣赏民族音乐与舞蹈的同时，也可以自己跟着唱或跳，无意间的互动感和参与感也会加深其对广西旅游节事活动的感知。

油茶不说煮而称"打"，是各地的统一称法，而各地的油茶却各有其不同的风味。油茶的统一制作方法是以老叶红茶为主料，用油炒至微焦而香，放入食盐加水煮沸，多数加生姜同煮，味浓而涩，涩中带辣。苗族、瑶族、侗族等少数民族的佐食多半为炒黄豆、炒花生米、爆玉米、炸花生米，再则就是糯米饭团或糯米粉糍粑。瑶族在第一二碗送来时不送筷子，并将米花、炒豆之类的小吃加入碗里。喝完碗里的茶还留些小吃在碗底，以示有余不尽，直到喝第三碗才送上筷子。喝油茶不分季节，一年四季、一天早晚都可以喝。客人到来则不分早晚，随时煮好奉客，而且更为丰盛。

瑶族非常热情，谁进了他们家的门，都需喝四杯油茶，意即"四季长春、四季发财"。一家来客，左邻右舍认为是沾光，都要送油茶来，上家送，下屋送，左房送，右堂送，若只吃一家而不吃另一家，主人则会觉得客人认为主家油茶不好吃。客人不吃，在座的人都不吃。客人喝了第一口，主家才会接着喝起来。

油茶作为侗族等少数民族的待客礼仪，体现出广西当地民族热情好客的情谊，这也是人们喜爱到广西来感受旅游节事活动其中一个重要的原因，游客到此可以感受到家一般的氛围与情感，通过口中吃食的味蕾感触，体味人与人间更深入的情感交流。广西旅游节事活动中，打油茶可以作为其中重要的迎宾环节，主人与游客间的关系拉近后，其他方面沟通与交流的阻碍也会更少。

广西油茶也可以作为一种旅游产品，其中包含的豆类、花生等佐料，加之多种品味的融合，可以带给人不同口味上的享受，将其进行包装处理和工业化生产，是当地人致富的重要方式。近年来，油茶产业逐步走出村寨，在城市中出现，从一个方面带动了广西当地经济的发展。作为可以方便携带的旅游产品，游客可以将其馈赠家人或朋友，不管在生活中还是在工作中，都可以增添别致的体验。这也是广西旅游节事活动延伸的一个重要部分。

广西其他当地的特产，如罗汉果、螺蛳粉、芒果、海鸭蛋、六堡茶、沙田柚、桂圆肉、坭兴陶、壮锦、南珠等，都可以作为礼品，赠予亲朋好友。这些广西当地的特产既可以作为广西旅游节事活动特色的展示，也表现广西当地独特的民族风情和地域特性。同时，这些广西当地特产融合着当地独特的自然风光、人文历史、文化元素等，可以将广西旅游节事活动与广西自身特色紧密联结。这些特产通过视觉、味觉、触觉、心里感知等，将广西特色传递到游客及游客的亲朋好友处，无形中也是广西旅游节事活动宣传营销的一种延伸。甚至游客在结束这次旅行后，可以通过这些特产回味旅游过程中的点点滴滴。广西旅游节事活动不仅要在游客旅游期间给游客带来不同凡响的旅行体验，也要让游客在结束旅行后有所回味，并对其之后的生活、工作、学习等产生特别的影响。这可以说是一种无形的营销，而往往达到这种效果的营销也是最为长久而有效的。

3. 大型文艺晚会应全方位展示广西风貌与地域特性

大型文艺晚会在展示广西风貌与地域特性的同时，表演现场强烈的氛围感可以将观众的情绪带进一个似真似幻的想象空间。游客在欣赏文艺晚会时，可以感受到文艺晚会呈现出的广西的自然、民族、原生态以及广西人的热情与激情。

大型文艺晚会全方位展示广西风貌和地域特性，需要在各个方面、各个环节融入广西地方特色。组织者首先要选取适宜的地点作为文艺晚会的会场，文艺晚会应确定一个主题，围绕这一主题设置几个分主题的篇章，如传统文化、地方元素、亲情思念、家国情怀等，通过文化和情感的主线将整场文艺晚会串联在一起，以突显各民族传统风采以及广西各族人民对于国家、民族、家庭、生活的一份宝贵情感。主舞台要具有广西最具典型性的民族特征，舞美可以采用360度视角的环形舞台，将古代与现代、传统与时尚进行融合，体现出时空的交错、虚与实之间的变幻，每一个节目都可以进行个性化包装和形态上的创新，用唯美浪漫的艺术风格讲好广西民族的人文故事。同时，在主持人串联节目的环节里可以加入广西民歌的元素，实现从古到今的"穿越"，进而展现出广西民族多彩灿烂的文化。

具有广西地域特色的文化元素种类繁多，不可能在一次文艺晚会上都进行展示，晚会主办方需要从这些文化元素中进行筛选，选出最具代表性的元素，进行逐一展示，通过层层递进的方式，将观众带入广西丰富多彩的民族文化的艺术情境中。组织者可以充分利用舞美效果，利用现代舞台呈现技术，更真实地呈现广西地域风情、自然风光、人文历史等内容。

文艺晚会的组织者在对广西风貌和地域特性进行全方位展示时，必须以晚会主线为中心，从各个角度、各个环节、各个细节进行展示，若只是一味追求节目呈现的效果，而忽视晚会的主题，容易让观众一头雾水，不知所云，文艺晚会所要传达的内容和信息也会存疑。除此之外，组织者对文艺晚会还要有一个整体的框架性规划，让晚会具有一定的整体逻辑性，可以让观众宏观认识到广西旅游节事活动和广西当地的民族文化。除了逻辑性的架构外，组织者还要兼顾在晚会中间时段进场观看的观众，组织者要让这部分观众在中间进场后，即使没有前面节目的铺垫，也并不影响其观看后面的节目。组织者要让每个节目本身就是一个独立的节目，虽然其是晚会整体的一个组成部分，但其自身的节目属性也并不影响其作为一个独立节目来欣赏。因此，组织者在举办一场文艺晚会时，要尽可能兼顾不同的观众需求。

4. 文体娱乐活动应将民族传统与现代潮流进行结合

文体娱乐活动可以将广西的民族传统与现代潮流进行结合，两个在时间范畴上存在较大差异的元素结合在一起，可以产生意想不到的效果。文体娱乐活动追求场上与场下的互动性，观众真实地参与到文体娱乐活动时，才可以真切地感受到广西的民族传统，感受到传统元素与现代元素融合后的娱乐活动所展示出的独特魅力。在与现代潮流进行融合的过程中，广西旅游节事活动的组织者可以邀请国际著名表演团队，如乐队、交响乐队等，以提升文体娱乐活动的知名度。在邀请国际著名团队的过程中，旅游节事活动的组织者可以事先与受邀团队进行沟通，将广西本地的独特性元素与受邀团队所表演的节目进行一定程度上的融合。当然，通常来说，这种方式的沟通可能会有一些难度，可以利用其知名度，扩大其表演受众或粉丝群体为合作条件，或是以艺术的突破性与创造性为侧重点，与对方进行沟通协商，充分调动受邀团队的合作意愿，最终达到互利共赢的效果。

受邀团队与旅游节事活动或广西本地文化相融合，可能会产生新的形式与内容，给观众耳目一新的效果，国际著名团队在自身知名度的基础上，也会因尝试这种形式而受到广西当地人民或是到广西参加旅游节事活动的游客的热爱。

在广西民族传统与现代潮流结合的过程中，旅游节事活动的组织者要保留广西民族传统元素、内涵、精神，不可因与现代潮流或国际化元素结合而丧失本民族的内核。结合的方式，可以是内容的结合、表演形式的结合、呈现效果的结合等，两者可以尝试在各个方面进行广泛而深入地融合。最终呈现在观众面前的活动或节目，以审美和观众的喜爱程度为评判标准。

5. 扩大参与者范围，增加活动丰富性，形成旅游节事活动产品系列

广西旅游节事活动举办的一个目的是为了产生更多的效益，让举办地的投入有所得。而为了达到这个目的，需要通过各种方式吸引游客参与其中，这不仅需要增加活动的丰富性，也需要让广西旅游节事活动的产品系列化。

扩大游客的参与范围，可以对旅游节事活动进行大范围的营销宣传，利用各个渠道进行宣传，不管是通过报纸、电视、广播等传统媒体进行传播，还是通过网站、公众号、短视频、直播等新媒体进行传播，都可在一定程度上扩大广西旅游节事活动的影响力和传播力。老年人更多会通过报纸、电视、广播等传统媒体的传播方式获得信息，如今也有更多的老人会上网，用微信聊天，浏览公众号信息，观看短视频、直播，这些年轻人常用的娱乐休闲以及社交方式，也逐渐成为老年人的生活方式。因此，广西旅游节事活动可以利用这些新媒体手段，对活动进行营销和宣传，吸引更多的观众和游客参与到旅游节事活动中来。

广西旅游节事活动的组织者可以对现有活动进行汇总与经验总结，筛选出可以长久发展的活动项目，制作成旅游节事活动的系列产品，让旅游节事活动成为广西周期性的重要事件。同时，可以借鉴电商平台的"双十一购物狂欢节""618购物节"等特定日期的节日，广西旅游节事活动可以选定某一个特定日子，作为旅游节事活动的举办日，每年在这一天准时举办，让节事活动逐渐形成一个系列的活动产品。"壮族三月三"节已经具有了一定的影响力，作为国家级非物质文化遗产名录之一的"壮族三月三"节，可以将自己的优势充分发挥，旅游节事活动的组织者可以在"壮族三月三"节现有影响力的基础上，不断丰富其活动的形式和内容，继续扩大这一节日的影响

力。在条件允许的情况下，将这一节事活动制作成一个系列性的节事活动，确定一个固定的周期。此外，在现有的游客和观众的基础上，进一步扩大观众和游客的范围，不管是在年龄、地域、职业，还是在爱好、消费习惯等方面，组织者都应当通过各种营销宣传方式，让尽可能多的游客或观众参与到旅游节事活动中。

经过一段时间的举办之后，在人们心目中就会形成逐渐深刻的印象，这一固定的日子与旅游节事活动紧密绑定，看到这个日期，人们第一印象就会想到与之相关的旅游节事活动。组织者也可以将旅游节事活动的频率提高，尝试每个季度一次，或是每月一次。让定期举办的旅游节事活动形成一个产品系列，产品的系列确定一个大的旅游节事活动的主题，每一次旅游节事活动的举办可以围绕这一大主题，在其下面可以设定诸多子主题。组织者可以将一个旅游节事活动办成一个可持续性的、长久性的节事活动，每次活动既要有传统不变的环节，也要有一些新鲜别样的环节或内容。这样的旅游节事活动才会给游客和观众带来既熟悉又有所期待的感觉。

除此之外，旅游节事活动的组织者可以增加与游客的互动性，让游客或观众参与到旅游节事活动的环节设计和形式内容安排上，组织者可以让游客参与到旅游节事活动的每一个环节中，游客提出的有建设性的意见可以作为完善旅游节事活动的重要补充。

（二）从广西旅游节事活动未来发展走向来对活动进行补充

1. 深挖广西文化内涵，增加旅游节事活动举办次数

对于广西旅游节事活动未来的发展走向，广西文化在其中发挥着重要的作用。可以说，广西本地的历史与文化中，有着取之不尽、用之不竭的灵感，可以持续支持旅游节事活动，使旅游节事活动不断提高其丰富性与内涵。如"壮族三月三"节、广西的民族歌舞、广西的民族美食、非遗技艺展示等。对广西文化内涵的深入挖掘，需要以充分理解广西文化为前提，组织者对广西文化要有自己的理解，有了对本地文化的个人理解与判断之后，才能够就广西文化的利用提出自己的想法和观点。

在对广西文化内涵深入挖掘的基础上，需要增加广西旅游节事活动的举办次数，以将广西文化更多地呈现在大众面前。增加旅游节事活动的次数，虽然从表面上看，节事活动的组织者或举办地有更多机会，可以获得更多收益，但增加旅游节事活动对活动的组织者来说也是一种挑战，这不仅需要组

织者增加资金的投入,还需要组织者有更多创新的想法与设计,以保证举办的每次旅游节事活动都有与以往不同的内容。除此之外,广西旅游节事活动的组织者还需要衡量活动举办的频率与游客的新奇程度之间的关系,旅游节事活动增加的次数、间隔的时间等因素,都应在合理的范围内,组织者应当在决定增加节事活动次数前进行大量的市场调研,不仅要分析其他旅游节事活动的举办次数和频率的安排情况,还要对游客进行抽样调查,了解游客更乐于接受什么频率的举办次数,探究其背后原因。活动组织者要设置最佳的旅游节事活动的频率,可以在不断的尝试中逐步进行调整。

2. 组织民族服饰选美大赛和创意设计比赛

广西的民族特色可以从民族服饰上体现出来,为了更好地展现广西的地域特色,组织者可以组织民族服饰表演,通过舞台展演的形式,为游客呈现不一样的美的享受。另外,组织者还可以组织民族服饰选美大赛,将各个民族的艳丽多彩的服饰进行集中展示,或以真人走秀的方式,或以直接展览的方式,让游客和市民参与其中,进行评比打分,最后综合打分结果,从中评出最受欢迎的民族服饰。组织者据此,一方面可以作为旅游纪念品直接进行销售;另一方面,可以提取在服饰选美大赛上胜出的服饰的民族化元素,并将其与其他文旅衍生品进行结合,尝试制作出更具创意性的文创产品。这一尝试过程需要经过时间检验,组织者在这类文创产品投入市场后,需要收集相关的销售和市场反馈数据,以分析文创产品在旅游市场或是在消费品市场上的表现。组织者要根据这些结果,及时做出相应的调整。

民族服饰选美大赛可以定期举办,只有进行多次尝试,不断对旅游市场和游客的喜好及需求进行探索,才可能对市场和游客的需求了解得更加深入。在多次举办民族服饰选美大赛后,组织者可以逐渐明确市场喜好,对于一直受游客喜爱的服饰,可以加大对其的开发力度,旅游节事活动的其他环节都可以加入民族服饰选美大赛中胜出的服饰元素。组织者在每次举办大赛时,都要有创新的形式和内容,如果每次的大赛都大同小异,可能会导致来参与大赛的游客人数越来越少,而民族服饰选美大赛的受欢迎程度降低,也可能直接影响广西旅游节事活动的影响力与传播力。从这一点上来看,旅游节事活动的组织者应当注重每一个细小环节的设计和把握,因为一个细小环节上的失误或是不太完美,则有可能直接或间接地影响旅游节事活动的形象,进而可能会影响到旅游节事活动的顺利开展。

在民族服饰选美大赛上胜出的民族服饰,组织者可以针对这些服饰进行民族服饰的表演活动，配以广西民族乐器作为背景音乐。民族服饰节目表演的形式可以通过更加形象的形式来展示，游客可以通过表演者的一颦一笑和一举一动更细致而深入地感受服饰与民族结合的样态。

在结束民族服饰选美大赛后，也可以举办民族服饰创意设计比赛，专业的服装设计者可以参与其中，同时，有服装设计想法的游客也可以参与其中。组织者在组织服饰创意设计比赛前，先对参赛者进行统计，对参赛者的规模有了整体的把握之后，再根据参赛者的人数，分为专业与业余小组，而后再设置各个组别的奖项，奖品可以是民族服饰选美大赛上最受欢迎的民族服饰，也可以是民族服饰创意设计大赛上获得一等奖的服饰作品。组织者可以规定在民族服饰创意设计比赛上，参赛者要依据广西的民族文化元素，或是广西地域历史特征来进行创意设计。针对一些有服饰创意设计好奇心，但没有相关服饰设计经验的零基础的比赛参与者来说，组织者可以降低比赛的难度，为这部分参与者提供一些广西典型的文化元素或民族特色元素。而对于专业的服饰创意设计者，组织者只需要划定其设计范围。

不管是民族服饰选美大赛，还是民族服饰创意设计比赛，其中的相同之处在于充分调动了游客和观众的参与热情，旅游节事活动的举办方与游客和观众间形成了良好的互动性。这种互动性与旅游只是单纯游览、欣赏、观看等这些单方面接触信息的方式不同，互动性可以更加充分地调动起游客的各种感官，同时，由于游客亲身参与其中，不管是其参与的民族服饰选美大赛，还是民族服饰创意设计比赛，其所评选出的或是最终获奖的民族服饰，由于有自己的参与，游客对自己所选的服饰会增加更多的关注度。同样，游客对于自己亲手设计的民族服饰会倾注更多的情感。人们会更关注与自己有关的事物，尤其是自己亲手创作的东西。而由于人们更关注自己设计的民族服饰，进而对广西民族的文化和广西的地域性会给予更多关注。此外，这些参赛者大多也会主动将自己所设计出的民族服饰分享给自己的亲朋好友，这在无形之中也扩大了旅游节事活动的宣传范围。

民族服饰创意设计比赛不仅可以充分调动人们对于广西民族服饰文化以及民族文化的关注热情，同时，广西旅游节事活动的组织者可以从比赛中汲取灵感，不断丰富旅游节事活动的内容，组织者可以买下比赛参与者服饰的设计版权，这种互利共赢的形式有助于民族服饰创意设计比赛长久地发展。

3. 组织民族服饰猜谜比赛

与民族服饰选美大赛和民族服饰创意比赛相衔接，组织者还可以同时组织民族服饰猜谜比赛，通过前两个比赛，游客已经对民族服饰的特色、文化底蕴等方面的内容有所了解，掌握了一些与广西民族服饰相关的知识与常识，为了巩固游客对民族服饰的印象，民族服饰猜谜比赛可以强化这一印象。猜谜比赛也可以相应地设置奖项，以刺激人们更大的参与热情，组织者以自己出题、游客答题的形式为主，此外，组织者也可以邀请游客来参与猜谜谜面的设置，对优秀的谜面给予相应奖励。民族服饰猜谜比赛同民族服饰选美大赛和民族服饰创意设计比赛一样，均是利用游客参与其中的互动性，保持与游客紧密的交流与沟通。

4. 举办广西知识问答比赛

旅游节事活动的组织者还可举办知识问答比赛，比赛中的问题内容设置均应与广西相关，其形式可以为唱山歌、对对子，其内容可以涵盖广西的民族习俗、自然地理知识、历史文化。

知识问答比赛将山歌内容加入，鉴于人们对于山歌的了解程度不同，除了广西当地游客对山歌有更多的了解外，外地或国外游客对山歌的了解相对较少。组织者可以通过山歌跟唱的形式来设置这一环节，由山歌领唱者唱一句或几句山歌，由比赛参与者随即模仿唱出山歌，比赛组织者可以根据参与者模仿的相似程度，来评判比赛成绩。组织者可以设置梯级的难度，最初级比赛只需要模仿简单的一句或两句山歌，后面随着难度的提升，参与者需要模仿多句的山歌，同时，山歌的曲调难度也会随之提升。模仿山歌环节的难度层级不同，获胜者所获得的奖品也不同，完成更高难度层次的环节，参与者可以获得品质更好的奖品。

唱山歌比赛环节的评判还可以用歌唱的优美程度来进行评判，比赛的大致流程是山歌的演唱者先唱一段山歌，参赛者需要根据这一段山歌所传达的内容、信息、情感等，接续上一段山歌，即兴地演唱一段歌曲，可以哼唱、可以带歌词演唱。评判标准侧重于参赛者所演唱歌曲的优美程度，即兴演唱的情感表达要与山歌的情感完美协调在一起，若所演唱的歌曲带有歌词，则歌词部分所表达的情感也应与山歌片段完美契合。当然，加入歌词部分的歌曲相比无歌词歌曲，在打分评判时，要有一定的加分选项。这种即兴演唱的形式，对参赛者的要求可能有些高，但这种形式可以在一定程度上调动人们参与比赛的热情。在比赛期间，比赛参与者的亲朋好友在场外观看时，因有自己家人或朋友参与比赛，也会有一定的参与度，此时，不仅是比赛方与参与者之间有积极的互动性，场上参与者与场下的亲朋好友间也随时发生着互动。唱山歌比赛环节所营造的场上场下热闹的氛围，可以让每一位参与者和观看者都留下一个深刻的印象，赛事组织者的目的也在于此。

对对子，俗称"对课"，也是通常所说的"对联"。所谓对对子，是指结构形式上由上下两句构成，字数相等，内容相关，讲究对偶的一种联语。其是一种语言艺术，对人的语言把控能力、文学修养等要求较高。但对对子也有难易之分，对于广西旅游节事活动中知识问答比赛环节的一部分来说，对对子的难度设置不宜过高，以能够让更多人参与其中为主要目的。对对子的比赛形式与唱山歌相类似，同样注重比赛组织方与参与者之间的互动性，其对子的内容可以包含与广西相关的各个方面内容。赛事主持人可以根据参与者的人数来确定是否需要分组，主持人出一上联，在规定时间内，每位参赛者可以将自己的下联写在纸上，主持人将所有下联向观众展示，由观众选出最受欢迎的下联。最后，比赛组织者可以将每轮最受观众欢迎的下联连同相应的上联一起进行展示。或是将这些对联贴于旅游节事活动的所在地景点、景区等所属范围内的庙宇、亭台楼阁、牌坊、院墙、厨房、楹柱、门心、门框等地方。这些对联可以保存一段时间，直到下一次对对子比赛再进行更新。这种方式可以在旅游节事活动的举办地与游客之间建立起更加紧密的关系，游客对于举办地感情也就不同于通常意义上一般的旅游目的地，其中多了自己参与装饰设计的成分，对此地也会更加亲切。

由此得到的启发，旅游节事活动的组织者可以通过一些特殊活动的形式，让游客参与到举办地的组织和设计中，此时，游客不只是一名到此游玩的客人，同时可以是一位举办地的"主人"，参与到目的地各个环节的组织和设计中。假若游客在旅游节事活动组织者的引领下，心态发生转变，"反客为主"，则游客到举办地游玩的心态会有所不同，游客可能会思考一些更深入的问题，当他们发现举办地的一些不足之处时，也会第一时间指出，组织者与游客间的关系也会变得更为融洽。

在广西知识问答比赛中猜地理位置的环节设置，主持人会准备一些具有典型代表的地点的相关介绍，游客根据主持人对相关地点的描述进行回答。通过这种猜地理位置或猜地名的方式，可以让游客将广西具体的地点与其地点特征描述进行结合，加深游客对广西各个地域特点以及相关知识内容的了解与认识。这一环节在开始时，主持人可以设置一些简单的、具有典型地域特征的问题，增加游客参与这一环节的兴趣。而后再根据实际情况将问题的难度调高，奖品也可以由低价位到高价位进行分配。

知识问答比赛对于广西旅游节事活动的组织者来说，是简单易行的活动方式，组织者不必对场地进行大范围布置，而通过此类活动，可以加深组织者与游客间的相互了解与信任，也可加深游客对活动举办地的了解与认识的程度。这些活动的共同点就是尽可能地创造机会与游客进行互动，不管通过比赛的形式和流程，还是比赛最终所达到的效果，各个环节都体现出组织方与游客的互动交流。

5. 开展摄影比赛

每年都会有很多摄影爱好者来广西采风，这对于广西当地来说，是一个绝佳的宣传推广机会。广西旅游节事活动的组织者可以充分利用这个机会，组织以广西旅游节事活动为主题的摄影比赛，将摄影爱好者集聚于比赛中，并设置有吸引力的奖项。

在每次的摄影比赛中，赛事组织者可以确定不同的主题，力求从各个角度让摄影爱好者展现广西大视角或小视角的美。赛事组织者从摄影比赛的长远发展来综合考虑，每次比赛所设置的主题间要相互有关联性，前后要衔接，所确定的主题可以是一个视角，即每次都是从一个全新的视角来重新发现广西动人的美。

摄影比赛的组织者在截止日期将所有摄影作品收集在一起后，可以通过线上或线下多种渠道进行综合评分，最后，根据所有渠道的全部评分来对所有摄影作品进行整体性排名，并将排名的结果在线上和线下多个渠道进行公示。通常，评分有几个渠道，最后摄影作品的排名公布也在相应的渠道上进行。同时，需要设置几天的公示日期，以广泛征求社会各界的意见，如若在公示期结束之时，社会各界对所公示的摄影作品没有任何异议，则赛事的组织方最终公布摄影比赛的排名，并选出前三名，或是前十名，具体的获奖名次，赛事组织者可以根据实际情况自行确定。

另外，在评分的环节，组织者也可以请一些摄影方面的专业人士来做摄影作品评判的评委，在原有的社会大众打分的基础上，加入评委打分的权重，让摄影评分更具专业性。

摄影比赛的组织者可以为摄影比赛提供专门的展览区，将在比赛中获奖的优秀摄影作品向公众进行展示。如此一来，摄影爱好者在比赛中不仅可以获得奖品的奖励，同时还可以获得荣誉上的奖励。摄影比赛的展览持续的时间由赛事的组织者自行根据实际情况进行调整，开始可以设置一个星期或是半个月的时间。而后再根据社会各界的综合反馈适时进行调整。不仅可以在线下进行展览，在线上同样也可以进行展览，组织者可以将线下展览的相关情况搬到网络空间上，这样也就有更多的人可以看到摄影比赛详情，同时，网友也可以对所有参赛者的摄影作品发表自己的观点和看法。

以广西旅游节事活动为主题的摄影活动，不仅摄影爱好者，欣赏摄影作品的游客也可以从摄影作品中感受到广西不一样的美。摄影爱好者在拍摄的过程中，是以自己个人的眼光来欣赏和观察广西，而欣赏摄影作品的观众，是站在自己认知的角度对摄影作品进行解读的。观众在欣赏作品时，感受到的是摄影爱好者对广西地域风情与人文风俗的理解，观众从摄影家的角度，可以重新理解自己看到的或是没有看到的景色。

除了摄影爱好者外，还可能会有专业的摄影师参与摄影比赛，赛事的组织者可以将赛事分为专业组和业余组。最后，评比时也需要将两组作品进行区分，但在最后获奖作品展示的环节，可以考虑将专业组作品与业余组作品放在一起进行展览。专业的摄影师与业余的摄影爱好者在比赛中可以进行深入的交流学习，摄影爱好者可以从摄影师身上学到提升摄影中的构图等相关技巧，而摄影师也可以从摄影爱好者身上学到一些独特的拍摄视角。在进行摄影技巧沟通的同时，还会涉及广西旅游节事活动的相关内容。

现代虚拟现实技术、增强现实技术等新技术的应用正逐渐成熟，在最后展览的过程中，组织者也可以利用这些新技术增强线上观众参与的热情。例如，利用虚拟现实技术，将摄影展览现场的情况呈现在网上，观众在屏幕的另一端通过VR眼镜，就可以感受到犹如现场的效果，当然，即使再立体逼真的技术，也是不能代替到现场的观看和欣赏效果。如果条件允许的话，游客还是要亲自到广西旅游节事活动当地，直接参与活动的各个细节，所获得的效果也是最为真切并且令人难忘的。广西旅游节事活动的组织者可以通过摄影比赛的形式，将旅游节事活动与摄影艺术相结合，无形中将活动的影响范围进一步扩大。通过摄影比赛的举办，旅游节事的组织者可以总结经验，在组织其他比赛或活动时，也要提前考虑这一活动是否可以与其他方面的活动进行结合，是否可以扩大自己旅游节事活动的影响力。如果旅游节事活动的组织者有足够的魅力，则可以将旅游节事活动与其他诸多行业或领域进行融合，只要组织者具有一定眼光，视野不受各种传统思维或是条件的限制，就可以把其他与旅游节事活动相关的或是不相关的领域融合进来。

组织者表面上是在举办一次摄影比赛，但其应当深入地关注更为全面的旅游节事整体的活动表现。就摄影比赛而言，这一比赛是否可以与旅游节事活动中的其他活动或比赛进行有效衔接，组织者应当尽可能地将整个活动融合为一个整体。由于广西旅游节事活动都有一个主要的主题，每个活动或比赛都围绕这一主题开展，因此，各个比赛或活动间或多或少都会存在一些关联性，例如，摄影比赛与民族服饰创意设计比赛的结合，民族服饰创意设计比赛的参与者可以从摄影比赛的获奖作品中汲取灵感，同样摄影比赛的摄影师和摄影爱好者也可以从民族服饰创意设计比赛中汲取灵感。两个比赛都有获奖作品展示的环节，民族服饰创意设计比赛的获奖作品可以请摄影比赛获奖的摄影师或摄影爱好者为其拍摄或取景，而后可以将拍摄的获奖作品传至线上，在更大的范围内进行宣传与推广。民族服饰创意设计比赛的参与者可以借鉴摄影作品中的构图技巧、光线的选用、颜色的调用等。

旅游节事活动的组织者还可以进一步将民族服饰创意设计比赛与摄影比赛进行深度融合，让民族服饰创意设计比赛的参与者与参赛的摄影爱好者或摄影师进行组合，共同参加两个比赛。例如，在民族服饰创意设计比赛中，民族服饰的设计者与摄影家可以将两人对服饰设计的思路进行融合，这种参赛组合形式可能会给民族服饰设计者一个全新思路。同样地，在参加摄影比赛时，民族服饰设计者可能会给摄影家一个新的画面构图方式。总体来说，服饰创意设计与摄影都属于艺术范畴，在基本的创意设计技巧和摄影技巧的基础上，不管是民族服饰设计者还是摄影家都需要创新意识，二者在追求艺术审美的路上，永远没有尽头。而不断地将旅游节事活动的形式、内容、营销方式等方面进行创新，都是为了可以最大限度地吸引更广泛的受众参与其中，扩大旅游节事活动的影响力。广西旅游节事活动举办的最终目的就是不断扩大活动的影响力，不断扩大广西旅游的影响力，不断扩大广西地区在国内以及国外的影响力。

二、广西旅游节事活动的定价策略

将广西旅游节事活动进行市场化运作，必然如市场化的产品一般涉及产品的定位问题，即广西旅游节事活动的定价。活动的定价会影响到旅游资源的使用效率，活动组织者在进行定价时，需要考虑成本和游客二次消费等问题。

广西旅游节事活动的定价，关系到游客对广西旅游节事活动的感受，若活动的定价过高，可能会使一部分游客不会选择广西旅游节事活动，且如果游客觉得活动的实际呈现效果或整体表现与活动的定价不匹配，则还会影响活动在旅游市场展现的形象。假若活动的定价过低，游客选择广西旅游节事活动的概率会增大，但对于活动的组织者来说，会影响其从活动中获得的收益，组织者组织一场广西旅游节事活动的最根本目的是从中获取应得的利润。但过低的活动定价可能无法覆盖组织者投入其中的资金，组织者无法支撑旅游节事活动后续的活动，对于活动本身来说，不利于其长远发展，此外，对活动的组织者来说，也会影响活动组织者继续承接此类活动的信心。

广西旅游节事活动定价环节涉及厂商租金、给参展厂商的优惠、食宿价格、规范市场价格等内容。活动的组织者对于厂商租金的制定，应当根据当时现有的市场价格情况、广西当地的日常消费水平、广西旅游节事活动的市场影响力、厂商对广西旅游节事活动的认可度等相关信息综合进行定价。厂商的租金不应定价过高，若租金定价过高，虽然表面上看，可以提高活动组织者的活动收益，但会降低广西旅游节事活动厂商的入驻率；若厂商租金定价过低，表面上看，有利于提高广西旅游节事活动厂商的入驻率，但对于活动的组织者来说，将有损利润空间。当然，单就厂商租金一项，还无法判断过高或过低定价对于活动组织者是否有影响，需要将广西旅游节事活动各个环节的定价相关事宜结合在一起进行综合考虑，来判断活动组织者的定价策略是否合理而有效。

为广西旅游节事活动参展的厂商提供相应的优惠，可以吸引厂商积极入驻，组织者为厂商提供优惠，应与广西旅游节事活动的定价相配合，组织者在为活动进行定价时，可以在进行大量市场调研后，将活动的定价设定为一个相对固定的值，以稳定市场的价格，同时，在定价时还要考虑为之后做一系列优惠活动留足空间，确定好活动价格后，活动的组织者可以通过一些优惠活动来灵活地调节活动价格。

关于对广西旅游节事活动价格的调节，组织者可以根据历届广西旅游节事活动的举办情况和定价数据，再根据当下旅游市场的活跃程度等一系列信息，经过综合分析判断后，制定与数据分析结果相适应的优惠政策。活动组织者可以将优惠政策制定得更为灵活，采用更为宽松的期限或更为灵活的施行策略，以便组织者可以根据市场的反馈随时进行调整。假若组织者对优惠政策的把握不是太大，前期可以进行一段时间的试行，再根据政策执行的效果进行微调整。但在这里，组织者需要考虑的问题是，在试行期后进行微调整的过程中，应当考虑在试行期中已经与广西旅游节事活动组织者签订合同的厂商，优惠政策的制定应当照顾到这部分厂商的利益，且组织者应当提前准备一套应对厂商因租金价格前后不一致而带来的问题的方案。假若组织者对自己制定的优惠政策把握较大，则不用提前准备过于宽松的条件，以让租金自始至终保持一致。但总体来说，不管组织者对自己制定的优惠政策是否有把握，都可以设定较为宽松的条件，以便突发情况出现时，可以有更为灵活的解决方案来进行调整。

  活动的组织者在进行活动定价时，应当考虑到运营成本或投入金额等问题，不仅要考虑表面上的投入或花销，同时应当把隐形的投入计算在内，如果最终组织者没有在旅游节事活动中获得收益，则组织者很难在今后类似的活动中继续保持积极的举办欲望。

  针对游客，最为实惠的举措莫过于直接降低食宿价格，游客参加旅游节事活动，一方面被旅游节事活动的精彩所吸引，另一方面游客也会或多或少地考虑旅游目的地消费水平的高低。如果活动组织者可以直接将餐饮和住宿的价格调低，这将会刺激游客选择前往。有时，游客喜欢享受较低的价格，不只是因为可以从中节约一部分旅游开销，还因为较低的价格可以让游客感觉更为舒服，并认为自己是占到了便宜、得到了实惠。游客以一种较为轻松的心态来享受广西旅游节事活动所带来的每一个环节，有助于提升游客的整体旅行或游玩体验。游客对于一次旅游节事活动的最初印象通常也可以通过旅游节事活动中各个消费场景的消费感受来进行感知，餐饮和住宿的价格是旅游节事活动中最为常见的问题，也是游客在旅行消费中占比较大的两个部分。另外，游客与旅游节事活动的组织者或服务人员接触最多的场景也主要发生在饭店和酒店，游客对于旅游节事活动的感知和印象，通常也会通过这两个场景来获得。另外，组织者降低食宿的价格，可以达到这样的效果：游客不会只关注旅游过程中最基本的餐饮和住宿这些相对不重要的事项，而是会把精力主要放在如何欣赏和享受旅游节事活动带来的非同一般的各种精彩的节目和活动。组织者对于活动举办地食宿价格的制定，必须依据活动举办当时广西旅游市场的通常价格，还要考虑游客对于现行食宿价格的接受程度，另外，还要考虑自身的运营成本，加上一定的合理利润后，最后制定出施行的销售价格。

  活动组织者应当注意的是，食宿的价格不应制定得过低，要在保证组织者或商家基本成本的基础上，将最大的实惠带给游客，同时，组织者这种降低食宿价格的行为还要得到游客的认可，假若游客不认可组织者这种调低价格的举措，游客对组织者此举不买账，则组织者做的关于调价的一系列工作都没有任何意义。组织者在其他方面也同样需要留意，假若组织者为游客做出一些事情，要么是可以直接给游客带来可见的收益，要么就让游客知道组织者做了这些工作。在经营和运作旅游节事活动时，组织者但凡做了一些工作，就要通过一些方式来让游客知晓，从另一方面来看，可以说是组织者与游客的一种沟通交流方式。另一点需要指出的是，组织者所提供的不管是商品还是服务产品，最基本要做到的是，要保证其商品或服务的质量，这是一切旅游节事活动经营运作的基本前提。在这个条件下，所形成的商品或服务的价格属于正常价格，组织者在这个基础上进一步降低商品或服务的价格，才会让游客真正感受到自己享受到了优惠，得到了最大的实惠。假若组织者在一开始为商品或服务定的价格偏高，里面包含较多不切实际的价格成分，组织者在此基础上进行的降价行为，游客并不会认可，反而会影响组织者的形象。

　　从以上所述可以得到这样的启发，组织者最根本要做的工作还是要把自身活动组织运营完善，站在游客的角度来思考活动如何运作，如何才能更好地为游客提供服务，满足游客多方面的需求。当组织者将这些最本质的工作都有条不紊地落实到位，游客来这里进行旅行，可以切身地感受到组织者这些不一样而又细致的服务。在此基础上，后续的一切活动或事项都可以更为顺利地开展。

　　对于游客二次消费机会的营造，广西旅游节事活动的组织者应当把现有活动的组织协调工作做好，同时，根据自身资金及活动运营情况加大活动的营销力度，以此刺激游客二次消费的欲望。这是涉及活动整体性的工作，活动组织者只有在旅游节事活动一开始就着手规划，将活动的每一个环节都尽可能地做到极致，站在游客的角度来考虑活动如何组织，如何安排才能更好地服务游客，最大限度满足游客的需求，只有当组织者将一切工作事项都组织得有条不紊、游客对于活动相关服务的满意度持续提升，游客二次消费的行为才有可能实现。

　　游客的二次消费行为是对旅游节事活动的一种认可，这种认可并非活动的组织者某一项工作或服务有亮点所产生的效果，而需要组织者在整体活动的组织安排上花费了一定的时间、精力和财力，以收获正向的回馈。广西旅游节事活动的组织者应当更加注重游客的二次消费行为，并将此作为一切工作的导向。游客的第一次消费行为是对活动组织者的初步认可，而这也是组织者接下来可以通过自身更优质的服务来赢得游客进一步信任的良好基础。组织者应当充分利用这一时机，针对游客的二次消费行为制定一系列优惠措施。例如，游客在一个店面进行一次消费后，可以赠送游客下次消费的优惠券，以让游客在进行第二次消费时可以感受到特殊的待遇。当然，这一措施需要相关店面的服务人员在游客第一次消费时就向游客阐明这一优惠活动的详细内容，让游客在进行消费前就可以设想或重新规划自己的消费需求，以鼓励消费者二次消费的行为。

另外，活动组织者还可以利用店内类似款式的商品代替二次消费的优惠券，以另一种方式刺激游客增加消费行为。游客进店选购商品，其兴趣点主要在商品上，而商品的价格只是游客考虑是否购买的其中一个原因，因此，以类似款式的商品作为刺激游客消费的举措，对于一部分消费者而言，是一种有效的方式。游客也会权衡自己两次消费行为所购买的商品是否比只是单纯一次购买商品划算。从本质上来说，商店一定要把真正的优惠给到游客，而不是在字面上或是价格计算上算计游客，大部分游客都可以算清楚享受优惠后，对自己是否合算。商家的出发点一直要以"薄利多销"为最基本的原则。游客的消费行为在很大程度上是"有利可图"。商家应当抓住游客的这种心理，并加以利用，以达到自己提升销量的目的。

在游客二次消费的过程中，商家需要考虑自己所执行的刺激游客消费的行为。商家不可只为了吸引游客，而将二次消费的优惠力度设定得过高，此种做法很可能让商家无利可图。

除了对租金、餐饮、住宿等进行定价外，广西旅游节事活动的定价策略还包含一项重要内容，就是对旅游节事活动相关价格进行管理，对扰乱市场价格的厂商给予处罚，控制价格欺诈和恶性竞争行为，维护广西旅游节事市场价格秩序。旅游节事活动可以稳定地运营，其中一个重要的因素就是市场价格稳定。稳定的市场价格，也是活动可以稳定开展的重要基础，广西旅游节事活动本身就是一种市场化的行为，在市场运作过程中，价格是其中一个最为重要的方面。活动的组织者有必要成立一个专门的市场价格监管部门，对一切与价格相关的活动或行为进行监督和管理。在旅游节事活动举办地所涉及的范围内，组织者可以出台相关的市场价格管理规范，对旅游节事活动涉及价格的行为进行规范化管理，相关的规范一旦制定出来，需要张贴在活动举办地明显位置，也可以将规范传至活动的官方网站上，给社会各界以及至此游玩的游客以学习借鉴。针对扰乱市场价格的厂商，活动组织者应当根据市场价格的管理规范对其进行相应的处罚，而在此之前，项目的组织者在招商、签订合同时，应当充分告知厂商相关的市场价格管理规范事宜。另外，活动的组织者还应当控制价格欺诈和恶性竞争的不良行为，如若有这些情况出现，将会严重影响旅游节事活动的顺利开展。组织者除了制定严格的市场价格的管理规范外，还应当有一系列预防这类情况出现的预防机制，从不良行为的源头进行治理，从开始时就打消厂商或店面不良行为的苗头。同时，在旅游节事活动举办的过程中，还要加强定期监管，对一些细微的不良现象，旅游节事活动的市场价格监管人员应当及时提出，并告知厂商或店面限期整改。

对于市场价格的管理，活动的组织者还要进行广泛的宣传工作，宣传与市场价格管理相关的内容，可以张贴海报，或是定期向厂商或店面负责人发送信息，随时提醒旅游节事活动的参与者时刻维护市场价格的稳定，维护一个良好的市场秩序。一个良好的市场秩序并不是活动组织者一方可以保持的，这需要参与旅游节事活动各方的共同努力。同时，当下的信息化社会，信息传输交流的速度比以往任何一个时代都要快，维护一个良好的市场秩序，不只是在广西当地，也可在网络上产生积极的影响。活动的组织者可以通过各种方式和事件对自己的旅游节事活动进行宣传。一次事件没有严格意义上正面或负面的区分，一次正面的事件，组织者充分利用好媒体的宣传推广平台，可以广泛地产生积极的影响；而一次负面事件，组织者可以通过及时而有效的处理，把负面事件转化为正面事件，从一个侧面来展现活动组织者应对突发的负面消息的处理能力，对活动组织者来说也是一个绝佳的宣传机会。

由此得到的启发是，组织者要利用好媒体的宣传推广渠道，对自身形象进行宣传，一次事件恰恰可以反映出活动组织者应对突发事件的处理能力和形象的建立。有时，这种宣传推广的方式反而比组织者主动进行广告宣传所产生的影响范围还要大、产生的效果还要明显。旅游节事活动进行市场化运作，需要充分利用其中的规则和通用方式，通过各种方式对自己进行广泛宣传，塑造自身优良形象。

第五节　广西旅游节事活动的分销及促销

一、广西旅游节事活动的分销

旅游节事活动产品的分销可以理解为将活动产品的信息传递给目标客户和目标市场的过程和方式。目前，使用最多的方式是通过与旅行社进行合作来传递旅游节事活动的信息。在各种新技术涌现的现代社会，应当采用网络营销的方式，对旅游节事活动进行全方位、多形式、多视角的宣传。

广西旅游节事活动的分销可以从三个方面来展开：建立活动网站、加入DMS系统、利用电子商务平台进行分销，如图5-5所示。

图5-5 广西旅游节事活动分销示意图

（一）建立活动网站

在新技术飞速发展的今天，网络已成为人们日常工作、生活、学习等活动中不可或缺的一部分，广西旅游节事活动应当借助这种基本的网络资源，进行分销。而建立广西旅游节事活动的网站，组织者应将旅游节事活动相关的活动信息或是最新的资讯及时且完整地传至活动网站上。其中的信息包括游客、厂商、组织者所提供的相应信息。例如，面向游客，网站可以提供住宿、互动活动信息、旅游节事活动举办地的天气信息、举办地的地理位置、相关活动参展的作品等信息；面向厂商，网站可以为其提供租赁价格、旅游节事活动的相关数据和技术参数、活动配套的服务信息等信息；面向组织者，可以为其提供与旅游节事活动相关的各方面信息，以帮助活动组织者及时而全面地对活动进行随时把控，组织者可以看到旅游节事活动参与各方参与的情况和表现，组织者根据这些数据，做出相应的调整，解决突发的数据异常的情况。

表面上，活动网站的设立可用于分销，但同时，这也是活动组织者对旅游节事活动进行管理的一个渠道，或者也可以将活动网站理解为组织者管理活动的平台。

有条件的组织者可以在活动网站的基础上应用"云数智"的新技术，即将云计算技术、大数据技术、人工智能技术应用到活动的网站分销中，并由此建立起现代化的客户信息管理系统。未来，还会不断有新技术涌现，组织者应当随时关注最新技术，将新技术与旅游节事活动进行融合，让广西旅游节事活动自身的特色得到充分展现。

（二）加入 DMS 系统

DMS 是 Dealer Management System 的简称，即经销商管理系统，它是一种针对经销商的综合 IT 系统，同时包括获取、处理、更新和管理客户数据软件售前咨询。

经销商管理系统的业务流程包括主动问候到店的客户、提供咨询、全程引导客户直至最终进行销售磋商并完成销售。经销商管理系统以企业的销售渠道建设为重点，对整条供应链中的信息流、物流和资金流进行系统的规划、全面实施过程监控，它是一套旨在加强企业与经销商之间业务的紧密合作，通过规范经销商内部的业务流程以提高其对资源管理的能力，对外向客户提供全方位的销售体验和全程服务关怀的商业模式。

经销商管理系统包括以下三项具体内容：

①在战略层方面，通过对销售渠道体系的建立和改造，实现以企业为核心的供应链中合作伙伴之间的协同工作和信息共用。DMS 系统引入到广西旅游节事活动的运作中，可以帮助活动的组织者将各方资源集中，便于活动的组织者便捷地调用各种资源，对相关的信息和数据充分加以利用，帮助活动组织者组织、协调活动的各个环节和方面。基于 DMS 系统，组织者与经销商和分销商有信息数据作为支撑，沟通可以更为深入。在 DMS 系统的协助下，广西旅游节事活动供应链中的每个合作伙伴的协同工作与信息共用也会变得更加便捷。活动组织者与各个合作伙伴间的信任建立，不只是在线下进行实际的交流，另外，还可以在 DMS 系统平台上通过彼此信息的共享共用，以更深入的方式进行交流，达到最终相互信任的目的。

②在业务层方面，针对经销商的日常运作管理进行流程分析、优化、整合，实现采购、销售、库存、客户管理的"四位一体"。通过 DMS 系统，活动的组织者可以针对经销商的日常运作方式和习惯进行统计和管理，对整个流程进行全面分析，不断进行优化，将一些资源进行整合，以进一步降低运营成本，真正实现采购、销售、库存、客户管理四个方面整合为一体，更方便活动组织者进行管理。利用 DMS 系统，组织者可以随时调取业务数据，不仅可以在商品的运输、储存等方面进行信息化管理，另外，也可以利用客户的相关信息，随时了解客户的信息和行为，同时可以方便查询历史数据，将当前的数据与历史数据进行对比，以帮助组织者制定出合理的决策方案。广西旅游节事活动的组织者利用这一系统，可以对商品、服务、客户等信息进行统一管理，系统也可以分析、优化、整合信息与数据，这在很大程

度上为活动的组织者节省了大量的人力和精力,同时,系统运行的效率与准确性可以帮助组织者更精准地把握旅游节事活动的厂商、游客等各个参与者行为。

③在技术层方面,采用数据集中式架构设计,提供软件应用的评估、测试、移植和开发的质量保证,提供界面程式开发和测试,提供安全策略、数据同步机制设计和实施,提供负载平衡和性能优化,实现数据传输的准时、及时和成本最优。

DMS系统在技术方面,通过各项技术的应用,最终可以保证所要传输数据的及时性与真实性,系统平台自身具有的相关技术保证了数据传输的安全性,同时,还可以使数据传输的成本得到优化。

DMS系统结构分为经销商界面和后台综合管理界面两大部分,经销商界面是为经销商设计使用,它可以实现订单管理、压货管理、库存管理、客户关系管理;而后台综合管理界面是为公司内部管理人员设计使用,可以实现产品的入库管理、经销商压货管理、订单管理、经销商库存管理、公司产品及库存管理、客户关系管理。需要说明的一点是,订单管理中也包含产品用户管理,因为订单中包含了产品用户信息,下面统称为订单管理。

①经销商压货管理。经销商压货管理是对压货情况进行查询、统计与分析,包括压货查询、压货统计、报表输出。

②经销商库存管理。经销商库存管理是对库存情况进行查询、统计、分析。当库存不足时,提醒经销商及时压货,包括库存查询、库存分析。

③订单管理。订单管理是对订单的录入、查询、销售情况进行统计与分析,包括订单填写、订单查询、订单修改、订单删除、销售统计。组织者对订单数据的时时掌握,可以了解当前旅游节事活动的运营情况,系统上可以随时对数据进行统计与分析。活动组织者制定的一些优惠政策,协调各方资源,解决游客的服务等相关问题,订单管理中可以提供信息与数据上的支撑。

④客户管理。系统强化了售前管理的功能,从与客户的第一次接触(电话)访问登记开始跟进、追踪、回访直到客户成交或流失,对成交客户和流失客户进行再处理,促成客户二次或多次成交。系统针对客户购买意愿、竞争对手状况,提供多功能、多层次的分析,为销售管理提供强有力的决策支持,其中包括客户登记、客户查询、客户跟踪、客户分析。

系统对客户进行管理,是各项管理中较为重要的管理环节,具体到广西旅游节事活动中,就是对游客进行管理,从游客第一次电话来访开始,活动组织者应当对其访问信息进行登记、跟踪、回访,直至游客选择广西旅游节事活动。系统对游客信息的管理，可以及时提醒服务人员对游客进行及时跟踪，促使游客在广西旅游节事活动期间或之后的时间中进行二次成交或多次成交。系统还可以统计和分析游客的购买意愿，这部分潜在客户也是旅游节事活动扩大业务范围的重要营销对象。活动的组织者可以分析游客的购买意愿，找出其中的根本原因，由此可以进一步启发组织者在哪些方面进行服务的提升。

对竞争对手状况的数据分析，有助于了解现有的以及潜在的竞争对手的情况，为广西旅游节事活动的组织者制定相应的发展策略提供信息及数据支撑。而 DMS 系统对这些情况进行的多功能和多层次的分析，可以为组织者提供更为详细的决策依据。竞争对手的行为可以为活动组织者提供正面或负面的参考价值，若竞争对手的一些行为对旅游节事活动的组织和发展起到积极的促进作用，则组织者可以借鉴过来，帮助自己的旅游节事活动更顺畅地运转；若竞争对手的行为不利于旅游节事活动的发展，则组织者应当引以为鉴，在自己的管理过程中，应当规避此类情况的发生。

DMS 系统对客户信息进行一系列输入、统计、整理，组织者根据这些信息，可以重新调整销售思维，根据信息和资料而制定的销售决策也会更有针对性，也更有数据支撑。活动的组织者要对客户管理有一定的自我认知，要认识到客户管理的本质，信息和数据的收集与处理交给系统，而如何利用这些数据和信息是组织者需要慎重考虑的。通常来说，系统收集和统计的数据相对来说具有真实性与准确性，但也不排除数据采集的方式或原始数据存在一些问题，如果数据的源头出现问题，则后期一系列对数据的处理与分析就变得没有任何意义和价值。因此，不仅是客户数据的收集，其他所涉及的数据同样要保证其来源的真实性。另外，也要关注数据的时效性，如果所收集的数据距离当下的时间点较长，则这些数据的利用价值也不会太大，只能作为历史数据作为参考。严格来说，不管是人工，还是系统所收集到的数据，在被记录的一刻就已经是历史数据，只是相对而言，一些数据可以保有较高的时效性。

活动组织者对广西旅游节事活动进行管理，自然需要尽可能新的数据作为支撑，收集数据的方式和渠道关系着数据的准确性与时效性，应当尽可能拿到第一手数据。在数据收集方式上，可以让游客自己补充和上传数据，当然，没有多少游客会愿意做一件对自己没有任何好处的事情，这就需要活动的组织者想出一些激励的小措施，以奖励个人在参与广西旅游节事活动过程中的消费行为。除此之外，组织者还可以在活动网站上设置一个"分享活动经历"的小专栏,游客分享的一系列内容,全网都可以随时看到,类似于微博等公共社交平台。与他人分享自己的情感,得到他人的认可或产生共情,都可以成为游客在网站平台进行个人分享的动力。通过这种方式,可能并不需要组织者花费准备奖品的费用,游客也乐于参与这种分享活动。组织者在此之前,可以设置一些主要的分享内容,可以设置一个固定的模板,让游客发表个人对旅游节事活动的感受、想法及意见反馈,在模板固定后,还要加上可以让游客自由发挥的部分,以便让游客不受限制地写下一些个人真实想法。

活动组织者最后通过系统将这些信息进行收集和整理,并进行多功能、多层次的分析,这些游客所提供的第一手的信息与数据,相比较来说,最为真实。组织者需要对这些数据进行分析,同时将其与游客的消费数据一起进行综合分析,以进一步判断游客的消费行为和消费心理,从中分析出游客对广西旅游节事活动的哪些活动、节目、流程、环节较为满意,对哪些方面不满意。组织者结合游客在系统上对分享的信息进行综合分析,从中找出游客的每个行为表现所发生的根本原因。最后,将分析的结果进行汇总,为组织者接下来制定相关的服务、活动、优惠政策等提供有力的参考依据。

在广西旅游节事活动举办期间,组织者可以调动各种可以利用的资源,甚至组织者也可以调动游客来帮助自己实现活动管理的目的,例如,上文提到的让游客主动提供原始信息与数据。当然,在调动各方资源的时候,组织者要首先考虑对方的利益和诉求是哪些,哪些方面可以与自己的目的相结合,达到双赢的结果。找到一个结合点后,原本需要耗费较高成本并且效果不显著的工作,有可能在达到双赢效果时,双方都可以获得意想不到的东西。

⑤企业产品入库管理。企业产品入库管理包括入库单填写、入库查询、入库单修改、入库单删除、入库情况统计分析。

⑥企业产品库存管理。企业产品库存管理包括库存查询、库存修改、库存统计分析。

(三) 利用电子商务平台进行分销

利用电子商务平台进行分销,广西旅游节事活动的组织者可以自己创建网站,也可以利用现有大平台的资源。活动的组织者如若自己创建网站,前期有可能会投入大量人力、物力、财力,而在网站后期使用过程中,也涉及网站的运营和维护。当然,组织者自己创建网站可以通过第三方公司帮助其实现。

另外，活动的组织者可以直接借助大网站成熟的平台进行分销，每年定期向大网站支付一定的使用费用。借助大网站的一个优势在于，活动组织者可以利用大网站大量的用户资源，对自身活动进行宣传。

二、广西旅游节事活动的促销

广西旅游节事活动对国内和国外可以采取两种不同的促销策略。从目前情况看，对国内市场的促销应采用以广告为主的促销手段，如运用广播电视、书刊、纪录片、杂志、报纸、户外广告栏、网络、路牌等，特别是要以传统媒体的促销手段为主。

根据国内旅游节事活动的发展情况来看，传统媒体依然是旅游节事活动主要的促销方式。并且传统媒体的覆盖范围也更为广泛，不同的媒体类别针对不同的目标人群，例如，广播主要针对老年人或是有车人士；电视主要的使用人群为老人；书刊的主要使用人群为中青年、老年；网络主要的使用人群为年轻人，如今老年人使用网络来获取信息和资讯的人数也在逐年增多，尤其是移动互联网。因此，广西旅游节事活动组织者在进行促销时，首先应当根据游客群体类别有针对性地选择相应的媒体，同时，还要考虑所选的媒体渠道在本地区的覆盖情况，旅游节事活动的目标游客群体是否可以通过这类媒体接触到活动的促销信息。

活动组织者在选择传统媒体时，可以将几种媒体方式结合起来进行促销，最大限度地涉及更广泛的人群。活动的组织者还要考虑媒体的宣传方式是否适合旅游节事活动的宣传，通常来说，以电视广告的方式进行宣传可以较全面地展示广西旅游节事活动。广播只是从音频的角度来展示信息；书刊、杂志、报纸、户外广告栏、路牌是以文字和图片来显示内容；网络展示文字、图片、音频、视频，可以从多个维度全面呈现旅游节事活动的内容，表现节事活动的精彩性与丰富性。相比较来说，制作纪录片的投入较大，且制作的周期通常较长，若旅游节事活动前期有充足的准备时间，则可以考虑采用这种方式来进行深度的推广，通常来说，纪录片有较长的时长，可以从多个角度、多个层次来介绍广西旅游节事活动的相关内容。

旅游节事活动的组织者选择网络的传媒方式，最大限度迎合网友的需求，并且网络传播在各种传媒方式传播中效率也最高。网络包括电脑和手机等终端，尤其是手机端网络，人们使用手机的频率越来越高，对手机的依赖程度也越来越深，人们大多都是通过手机来获取信息，人与人之间进行沟通交流也主要是以手机为主。因此，广西旅游节事活动的组织者利用手机网络进行宣传和促销，是最为有效的方式。

活动的组织者还可以充分利用短视频等传播渠道，满足大众或游客获取信息的需求。短视频近些年受到越来越多人的喜爱，人们在生活、工作、学习之余，也更多通过短视频的方式来获取新闻资讯、了解外界信息，刷短视频也逐渐成为人们工作和生活中的一部分。如果活动组织者可以占据短视频平台的有利位置，则可以高效而准确地将旅游节事活动的信息传递给受众。而其多媒体式的内容呈现形式、丰富的功能、具有吸引力的画面效果也会给人留下深刻印象。现在快节奏的生活方式，让人们没有过多精力在一件事上花费过长的时间，人们在观看短视频时，可以轻松地享受其中，里面简短而动人的画面和音乐，是人们较乐于接受的信息形式。广西旅游节事活动组织者可以采用诙谐幽默的方式，配以广西当地民歌，将广西旅游节事活动的特色融入其中。

不管是广播电视、书刊、纪录片、杂志、报纸、户外广告栏、路牌等促销方式，还是网络、短视频等促销方式，如果条件允许的前提下，活动的组织者在制作促销内容时，可以将促销内容以一个系列的方式进行呈现，在促销开始前的一段时间内，可以选择每天播放一条不同的促销信息，或是每几天更换一次促销内容。在人们的日常生活中，看到最多的促销广告，通常一个月或半个月的广告促销周期的时间只是播放同一个广告或是少有的两种广告，这就容易造成人们视觉疲劳，人们看的次数多了后，即使制作再精良的广告，也容易让人产生厌烦心理。因此，为了避免这种情况，活动的组织者可以针对同一次促销活动，制作出多种形式的促销广告形式，但需要注意的是，这些多种形式的广告都要围绕一次促销活动的同一个促销主题。而后活动的组织者在投放促销广告时，要合理安排不同形式的广告顺序。一个系列的促销广告中，每个独立的广告之间最好也要有一些逻辑上的衔接，可以模仿一个系列的电影或是电视剧的情节安排，在每个广告的结尾设置一个彩蛋，吊起观看广告的大众的胃口，引导大众继续关注广西旅游节事活动后续的一系列促销广告。

在促销广告内容的设置上，活动的组织者要把控好所展示内容的分寸，要收放自如，不必把旅游节事活动所有的内容都进行展示，只展示其中具有特色的一部分即可。广西旅游节事活动的促销广告投放的主要目的是最大限度引起大众的注意，让受众产生兴趣，激起受众想去广西旅游的冲动。另外，也可以让受众因自己对促销广告感兴趣而自主地将促销广告传播给自己的亲朋好友。考虑到这一点，活动的组织者应当将促销广告的内容制作得更为精良、有趣、精练而有力，让促销广告具有更强的传播力。

国际促销策略应采取目的地营销和活动营销相结合的方式，组织广西民歌团队走出国门，到国外去参加演出。目的地营销侧重于举办地的宣传，可以更好地与广西旅游节事活动的相关内涵与精神相结合。旅游节事活动选择在一个地方举办，是这一举办地举办这一旅游节事活动的基础。对举办地进行营销，也是对旅游节事活动的一种宣传。因目的地与旅游节事活动本身紧密的关联性，目的地营销与活动本身的营销相结合，组织者可以安排广西民歌团队走出国门，走向世界，在世界范围内进行演出，可以让世界人民更近距离地接触广西的民歌文化以及民族文化。

除此之外，还可以采取协同营销的方式，与拥有大型晚会转播权的电视台合作。广西旅游节事活动与电视台相合作，可以达到双赢的效果，在宣传自身活动的同时，所获得的关注度也可以转化成电视台的收视率。电视台可以通过引入广西旅游节事活动，来丰富电视节目的精彩程度。这种协同营销的方式，不仅可以为广西旅游节事活动进行营销宣传，也可以从某种程度上对电视台进行宣传。电视台对旅游节事活动进行转播宣传，在举办周期内对活动进行全程转播，或以直播的形式呈现。若采用直播的形式，则观众可以在观看直播的同时，实时参与到旅游节事活动中，观众与旅游节事活动的互动可以通过实时发送评论的方式，或与节目主持人进行连线，或对直播活动进行转发。

活动的组织者可以与国外旅游节事活动的相关组织者合作，发挥节事活动的世界影响力。组织者需要经常性地与世界范围内同行业的从业者进行交流，通过交流活动学习其他国家关于旅游节事活动组织和运营的经验。另外，与国外旅游节事活动组织者进行交流，也是将本地区旅游节事活动向世界进行宣传推广的一种方式。每个国家或地区关于旅游节事活动的举办会有一套自己的想法与规划。即使同一个旅游节事活动，不同组织者来承办，也会呈现不同的举办效果，举办的形式也不尽相同。因此，对于活动的组织者来说，借活动促销的机会，学习一些可以为自己所用的经验，是一举两得的事情。

推广广西的形象，组织者也可以与赞助商合作，进行联合促销。通过与赞助商进行合作，组织者可以获得更多的资源支持。因赞助商所处的地位与立场，也会尽最大能力为旅游节事活动提供各个方面的资源。通常赞助商是某一家企业或公司，并具有一定的资金实力与各种资源优势，其在长期的经营发展过程中，不管是本企业或公司，还是与市场和社会交流的过程中，都会积累大量的关系与资源。这些资源都可以应用到旅游节事活动的促销宣传上。对于赞助商来说,其不仅在资金上给予旅游节事活动以支持,也可以将自己的产业融入旅游节事活动中,两个行业之间可以找到一些联结点,而这些联结点可以将两个行业间的资源进行共享,优势进一步扩大,相互之间的劣势可以进行弥补。如此一来,赞助商与旅游节事活动的合作可以变得更加紧密,旅游节事活动与赞助商之间的关系融洽,有助于旅游节事活动更为长远地发展。

广西旅游节事活动还可以与媒体记者进行合作,邀请电视台、电台或报社记者在旅游节事活动期间到举办地进行采访。广西旅游节事活动的组织者需要与各个渠道的媒体保持联系,这对于旅游节事活动的促销、营销、宣传等方面都有积极的影响。广西旅游节事活动也可以为媒体记者提供丰富的素材,活动的组织者也可以邀请记者参与到旅游节事活动中,让其切身感受广西旅游节事活动的魅力。记者不仅自己可以为旅游节事活动进行宣传,也可以通过其所在的媒体平台进行大幅度地宣传和推广。

第六节 广西旅游节事活动的市场化运作

广西旅游节事活动市场化运作可以从四个方面进行阐释,如图5-6所示。

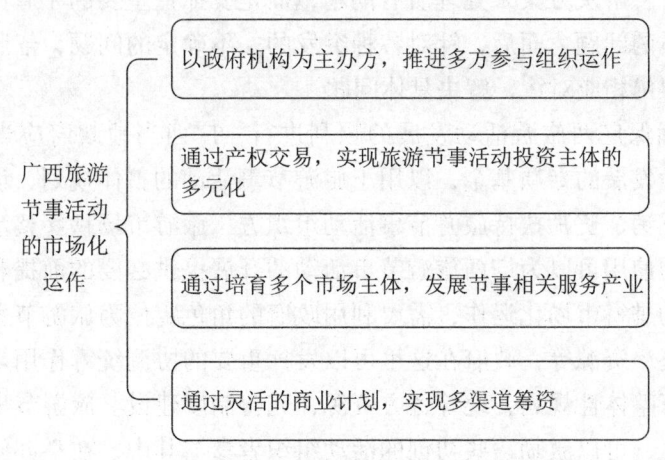

广西旅游节事活动的市场化运作
- 以政府机构为主办方,推进多方参与组织运作
- 通过产权交易,实现旅游节事活动投资主体的多元化
- 通过培育多个市场主体,发展节事相关服务产业
- 通过灵活的商业计划,实现多渠道筹资

图5-6 广西旅游节事活动市场化运作示意图

一、以政府机构为主办方,推进多方参与组织运作

广西旅游节事活动可以借鉴成熟旅游节事活动市场化运作的思路,旅

游节事活动参与方可以扩大其在政府、行业协会、社会团体、企业、社区志愿者等多方的影响，强化政府在旅游业发展中的主导地位应当成为首要内容，形成"政府主导、部门配合、社会参与、企业运作"的发展格局。在广西旅游节事活动中营造出每个人都是旅游节事活动的形象，每一处都是旅游节事活动的良好氛围，这应当成为活动组织者的一个重要目标和运营的主要目的。旅游节事活动中的每一名工作人员、游客、厂商等，每一名旅游节事活动的参与者都可以反映旅游节事活动的形象，旅游节事活动举办地每一处景点、环境，每个人的一言一行也都可以展现出一场旅游节事活动的整体运作状态。因此，对于旅游节事活动的组织者而言，没有严格意义上的大事或小事，每一件小事处理不好，都会直接影响人们对于活动的整体感受和印象。

  在进行市场化运作过程中，政府应当从宏观层面上对广西旅游节事活动加以重视，在旅游节事活动发展的总体规划的制定和旅游节事活动市场秩序的整治方面应当发挥积极而主动的作用，这也是旅游节事活动发展的重要保证。当今国际大环境对旅游业未来的发展既是一个挑战，也是一次机遇。政府相关决策部门与旅游节事活动的相关部门应当形成联动机制。只有抓住发展的时机，才可以顺利完成旅游产业的转型升级以及服务升级。国际整体环境充满不确定性，因此，旅游节事活动的组织者对于活动的组织协调，不可能只用一种解决方案来处理所有问题，而是要抓住主要的矛盾，把握关键性的、本质的问题，而后，针对各种突发的、不确定的问题，依照当时的实际情况，想出相应对策，解决具体问题。

  为确保广西旅游活动发展的顺利进行，广西当地政府应当建立起旅游节事活动发展的专项基金，以用于旅游节事活动的整体规划、设施建设、对外宣传促销、奖励扶持旅游节事活动组织方、旅游市场秩序整治等方面。专项资金的使用可以为广西旅游节事活动的开展提供必要的前提和保证。旅游节事活动进行市场化运作，需要利用政府的角色定位为旅游节事活动协调资金、人员、资源等，政府在这里可以发挥重要的协调统筹作用。合理配置资源，进行整体性规划，统筹各方资源，完善制度建设。旅游节事活动专项基金的设立，可以激励一些初创的活动组织者参与其中，在举办旅游节事活动的前期，政府可以通过基金的形式扶持这些积极的参与者，同时，政府对初次举办旅游节事活动组织者的支持，也可以促使社会大众增加对旅游节事活动的关注度。

  另外，广西当地政府还可以把旅游节事活动发展列入政府绩效考核的内容中，实行旅游节事活动目标考核责任制，以奖励和惩罚的方式来引导各个县区、各行各业对旅游节事活动的高度关注，确保政府主导旅游发展战略的顺利实施。真正有效地让政府积极地参与旅游节事活动的整体发展，将旅游节事活动列入政府的绩效考核内容中，是一种较为有效的措施，在政府内部实行旅游节事活动目标的考核责任制度，可以让相关部门的工作重心转移到旅游节事活动的发展上。

广西当地相关部门应当加强对各景区、宾馆、酒店、餐馆等机构的监督和管理，并侧重于提高各个环节的服务质量，力争让广西旅游节事活动从"观光型"向"消费型"转变。在这种转变过程中，政府的宏观调控必不可少，政府还需要积极引导社会资金，让企业参与旅游节事产品的研发和生产，参与到旅游服务业当中。

除了在资金、制度、宏观统筹上对旅游节事活动给予更大的支持外，政府相关部门还应当在日常的管理方面出台更多举措。例如，对旅游节事活动所涉及的各个场所、领域、行业等，按市场规范和标准进行监督和管理，把握旅游节事活动每个环节的产品质量、服务质量以及其他方面的质量，对产品和服务的价格要进行严格把控。广西旅游节事活动要力争从"观光型"旅游地向"消费型"旅游地进行转型，让旅游节事活动真正产生效益，首先要为活动的组织者和投资方赢得利润，除此之外，还要提升旅游节事活动举办地的影响力。进行市场化运作的目的就是让市场来检验旅游节事活动的价值，在市场化运作的过程中获得旅游节事活动的收益，旅游节事活动的影响力、形象、收益要兼得。

在以政府为主办方的过程中，旅游节事活动的相关企业需要进行专业化运作，进行公司化经营，把活动运作和组织能力的基础打牢，把企业或公司自身需要完善的事项尽可能做到极致。政府主导只是一种外力，而旅游节事活动的举办和组织需要组织者一点一滴付出更多的行动，将所有政府的支持转化为切实可行的具体工作。另外，组织者、企业、公司的专业化运作和公司化经营也为其更好地进行管理提供了便利，让日常工作和组织协调的相关事宜变得更为高效、可追溯、可管理、可分析、可评价。

二、通过产权交易，实现旅游节事活动投资主体的多元化

针对一部分可以产业化的节事，经过明确节事旅游产权，通过拍卖、承包等方式推动节事旅游的产权交易，实现经营权的转让，吸引各类企业投资节事活动，一方面可以改变节事主要依靠政府财政拨款的单一方式，另一方

面对节事产权的界定和转让明确了产权主体，也有利于节事品牌无形资产的保护和保值。

对旅游节事活动进行产权交易，便于活动经营权的转让、投资，旅游节事活动产权的界定更为清晰，产权主体更明确，活动的市场化运作更具有依据。旅游节事活动进行市场化运作，如果只是依靠一方提供资金的来源，来支撑活动的举办，对于旅游节事活动的长远发展来说，不是一个良性的发展模式，而引入更加多元化的投资主体，可以大大削弱在资金方面的风险。更多的投资方参与其中，可以扩展旅游节事活动辐射范围，扩大资源渠道，多方参与可以提升人们对旅游节事活动的关注度。企业或公司在发展的过程中，会面临各种各样的风险，而企业在整个发展过程中，需要持续管控风险，通过各种方式将风险降至最低。

三、通过培育多个市场主体，发展节事相关服务产业

在旅游节事活动的管理中，政府有时可以作为旅游节事的管理者，或者作为旅游节事活动的发起者和主办者。要着力培养旅游节事活动相关的市场主体，即旅游节事活动的主办方、承办方、管理方、策划方、评价方等，促进组织者或主办方同旅游节事活动承办方、管理方、策划方等具体操作单位的专业化分工，通过一系列有组织的公司化管理提高效率。当今世界社会大分工趋势越来越细致化，多方参与广西旅游节事活动的发展，将活动的各个板块进行专业化细分，加强彼此间的协作，可以有效地提升旅游节事活动整体的运作效率，进行更为细致化的分工，负责的相关各方彼此间可以相互约束，同时，彼此间也有相互促进的作用。

旅游节事活动的产品相对来说较为固定，游客来参加旅游节事活动，一方面是受旅游节事活动的吸引而来；另一方面，游客会关注旅游节事活动的相关服务，旅游节事活动作为旅游业当中的一部分，其属于服务业，因此，服务是旅游节事活动中较为重要的部分。同时，还要进一步发展与旅游节事活动相关的服务产业，以旅游节事活动为契机，带动相关服务产业的发展，相关服务产业间的沟通与交流也会因此而增加。

四、通过灵活的商业计划，实现多渠道筹资

广西旅游节事活动应当立足于市场需要，探索门票、赞助、电视转播权买断、票务包销、冠名权、广告等多种手段、多种方式的筹资，制定详尽的商业计划书，实现节事旅游筹资渠道的多元化。

广西旅游节事活动举办首先要满足游客与大众个性化和多样化的需求，活动组织者可以将市场、游客、大众的各种需求进行汇总与归纳，再有针对性地对游客的需求制定相应方案。旅游节事活动的各个方面在筹资方面都可起到一定的作用，所有与活动相关的门票、电视转播权、冠名权等方面，都能为旅游节事活动的组织者带来收益。活动的组织者根据现有的所有资源，在商业计划书中充分体现，旅游节事活动所包含的每一个方面可能都会涉及一种筹资渠道。利用更加多元化的筹资渠道，可以让所筹到的资金更具有稳定性，筹资的多元化能够有效地分担资金使用时的风险。

活动的组织者可以根据所筹资的对象制定相应的商业计划书，而针对不同的筹资对象，应当制定不同的商业计划书。组织者在广西旅游节事活动的举办过程中，主要是资源、人员、资金等要素的协调者。组织者需要将旅游节事活动所有相关要素进行转化，以促进活动平稳长远发展。

旅游节事活动的门票或票务包销是其主要的收益来源之一，这里涉及门票定价、门票的销售方式和渠道，若定价过高，会影响市场或大众对旅游节事活动的整体印象，而定价过低，则影响活动组织者的利益。

通过赞助进行筹资是旅游节事活动常用的一种筹资方式，这需要旅游节事活动本身具有一定的吸引力，有自己成熟的运作流程和制度，这些本质上的影响力可以成为赞助商进行赞助的依据。

旅游节事活动的组织者可以从电视转播权中获得一定的收益，活动的组织者可以通过买断的方式来交易转播权，也可以将转播权同时出售给几家电视媒体，组织者需要权衡自己的收益，而后再决定采用哪种方案。

广告收入也是活动组织者主要的收入来源之一，组织者可以在举办地各个主要的位置设置广告位，只要其擅于发掘，每一个环节都可以增加商机。

第七节　广西旅游节事活动的营销战略

在广西旅游节事活动运作自如的基础上，营销对于旅游节事活动影响力的宣传与推广有着重要的作用。当前广西旅游节事活动的营销需要统一的策划和定位，各种传播方法需要进行综合利用，传播的强度与力度都需要进一步加强。对于以上所提的广西旅游形象的定位，广西旅游节事活动营销战略可以从旅游节事活动营销策划方案和旅游节事活动整体营销两个方面进行阐述。

一、广西旅游节事活动营销策划方案

广西旅游节事活动营销策划方案可以从五个方面进行阐释,如图5-7所示。

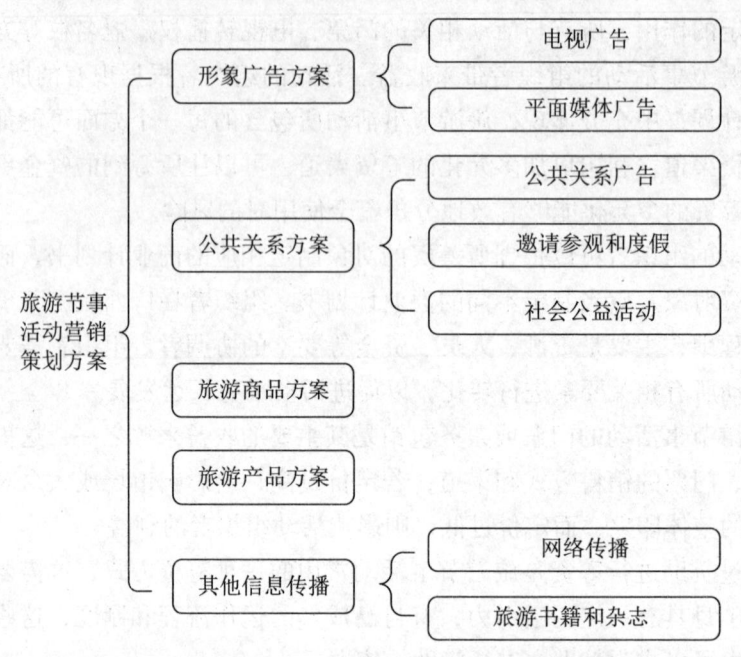

```
                                    ┌── 电视广告
                   ┌─ 形象广告方案 ─┤
                   │                └── 平面媒体广告
                   │
                   │                ┌── 公共关系广告
                   │                │
                   ├─ 公共关系方案 ─┼── 邀请参观和度假
  旅游节事         │                │
  活动营销 ────────┤                └── 社会公益活动
  策划方案         │
                   ├─ 旅游商品方案
                   │
                   ├─ 旅游产品方案
                   │
                   │                ┌── 网络传播
                   └─ 其他信息传播 ─┤
                                    └── 旅游书籍和杂志
```

图5-7　广西旅游节事活动营销策划方案示意图

(一) 形象广告方案

1. 电视广告

在对广西旅游节事活动的调查中,发现游客获取广西旅游信息的途径分别是:电视广告、亲友、报纸杂志、旅游书籍、旅游商人、其他。游客通过电视广告方式获取信息在所有方式里面所占比例较少,说明电视广告没有起到宣传广西旅游节事活动的重要作用,因此,可以看出电视广告的营销方式有很大的发展空间。在宣传旅游节事活动时,要加大电视广告宣传的力度。广西旅游节事活动的组织者应制作一系列的旅游形象片,在央视或其他收视率较高的频道上播放。

2. 平面媒体广告

平面媒体广告在广告宣传中也是很重要的一部分。一些知名的刊物和报纸通常拥有忠实的读者群，读者选择固定阅读的刊物和报纸，说明他们对这些刊物和报纸刊登的内容有较高的认可度。在这些刊物和报纸上刊登旅游形象广告，不仅可以获得较大的读者群，而且在一定程度上提高了形象的被认可度。

（二）公共关系方案

1. 公共关系广告

制作宣传广西旅游形象的公共关系广告可以采用以下的方式：

（1）建立信誉类。根据所设定的广西旅游主题口号，可以设计一个这样的信誉类公关广告：以展现广西各地优质的旅游服务和游客在广西各个景点及民族村寨获得的满意感受为内容，为广西的旅游服务质量树立信誉。

（2）节日问候类。在重大节日如春节、中秋、国庆、五一之前，以广西各地或各民族人民向全国人民祝贺的形式，向广大社会公众发出真诚的节日问候，只在署名时才告知公众是谁在问候他们，从而引起公众的好感。

（3）公益活动类。以关心社会公益活动为主题的公关广告，如善意提醒公众一些应该注意的事项，其目的在于提高目的地的美誉度，使社会公众相信广西高尚的社会风格，同时宣传旅游形象。

2. 邀请参观和度假

邀请旅游专业人士、社会各界知名人士或各种媒体记者，如：旅行社（旅游公司）的高层主管、国内外有广泛影响的新闻记者和专栏作家、知名摄影家等到广西进行以旅游为主题的系列参观和度假活动。一则专题报道或新闻消息往往比一则广告更令消费者信赖，通过这些人的口碑和新闻媒体的宣传，可以将广西的形象推广开来。

3. 社会公益活动

社会公益活动主要指目的地相关部门通过参与会展公益活动而不断引起社会公众的关注和好感，从而达到不断维系目的地形象的目的。广西可以通过直接赞助的方式来参与环保、助学、残疾人事业、体育、文化等，既为社会做了扎扎实实的贡献，又通过热心社会公益事业的行为，获得媒体和公众的广泛关注和好感，从而宣传了广西的形象。

（三）旅游商品方案

旅游商品不仅为目的地增加旅游收入，也是传播旅游形象的一个重要途径。旅游者在外旅行返回常住地时，都喜欢带上或多或少的旅游纪念品，或赠送亲友，或自己留念。除了在旅游地拍的照片外，旅游纪念品也作为旅游地的一个象征从目的地流传到世界各个地方。如能利用好这个条件，旅游商品将成为传播旅游形象的一个免费又具有长期效果的方法。好的旅游商品可以提醒旅游者在旅游活动中的愉快感受，吸引他们故地重游；赠送给亲友的旅游商品可以增加他们对旅游目的地的吸引力，吸引他们前来旅游。

（四）旅游产品方案

旅游产品是旅游者体验目的地旅游形象的具体形式。对于来到广西的旅游者来说，除了在视觉形象等方面展示广西的形象外，最重要的是要使他们通过实际的旅游活动对广西的形象有切实的感受。对潜在旅游者的宣传上，通过旅游产品的形式来宣传广西的形象也是十分重要的一部分，因为在消费者开始对广西旅游感兴趣时，势必要通过关注旅游产品来了解广西。

（五）其他信息传播

1. 网络传播

根据对广西旅游形象的调查，一部分游客表示是通过除了广告、亲友、报纸杂志、旅游书籍、旅游商人之外的其他方式来了解广西的旅游信息的。而大多数旅游者所说的其他方式指的就是网络。人们通常是有了心目中的若干意向性的旅游目的地后，到网上寻找相关的信息进行比较，可以得到关于目的地的食、住、行、游、购、娱各方面的详细信息。有些旅游爱好者会把在闲暇时间里到网上浏览各种旅游信息作为一种消遣方式。因此，在网络上针对确定的旅游形象提供丰富、翔实的信息，不仅可以宣传旅游形象，而且可以方便旅游者的旅行。

2. 旅游书籍和杂志

旅游书籍和杂志通过作者的眼光，对旅游地的风土人情、美丽景观进行了详尽的介绍。由于不是出于旅游地本身的宣传，这种由第三者描述的美景在客观上更能使人信服。在旅游者获取广西旅游信息的途径中，报纸杂志、旅游书籍一项是获选比例最高的，这也说明了旅游书籍、杂志在宣传旅游形象中的重要作用。

二、旅游节事活动的整体营销

（一）利用广西现有节事活动传播广西旅游形象

广西作为中国—东盟博览会举办的东道主，利用这个盛会向东盟各国宣传广西旅游形象，拥有天时地利人和的优势。

（1）设立宣传广西旅游形象的展位。在东盟博览会设置宣传广西旅游形象的展台时，应用醒目的颜色和字体突出主题口号，制作丰富翔实、形式多样的旅游宣传手册，在所有宣传资料上均应标明广西旅游主题口号。除了印刷品外，还可制作一些可以代表广西特色的纪念品进行分发，如精致的绣球、壮锦等。

（2）在东盟博览会论坛上宣传广西旅游形象。博览会期间还举办各种高层次的论坛。论坛的设置既有关于中国与东盟合作乃至亚洲和世界的综合性内容，也有关于各专业领域、各行业的专题性论坛，如中国东盟环境保护问题、中国与东南亚旅游合作问题等。在旅游论坛上，广西应积极发言，向外界传播广西的旅游资讯、旅游形象。

（3）与东盟国家媒体进行旅游交流活动。在2005年的东盟博览会期间，广西电视台邀请了东南亚各国家的电视台到广西进行交流。这些电视工作者在广西各地进行了参观、拍摄等活动，使广西旅游信息在东南亚得到广泛传播。在进行此类交流活动时，可以主动向这些媒体介绍广西的旅游宣传主题口号，并提供制作好的形象宣传片，让他们在本国播出广西旅游专辑时使用。由于这些节目是由各国自己的电视工作者拍摄的，对他们本国民众来说，说服力较强，既节省了海外宣传的费用又可以收到良好的效果。

（二）通过各种节庆活动宣传广西旅游形象

（1）举办具有地方特色的旅游节，作为当地标志性的旅游节事活动，融自然人文观光、休闲度假娱乐、商业贸易洽谈、科技文化交流于一体，使其成为当地旅游的龙头产品之一。

（2）以主题活动的具体形式适时举办各民族的节庆活动，提升目的地的整体吸引力和游客满意度。

（3）积极申请与其他地区联合举办国际性、全国性或区域性会议及体育赛事，重点开展全国性会展、节事活动。

第六章 广西旅游节事活动的发展趋势与机遇

本书在国内外相关研究以及重要理论的基础上，对广西旅游节事活动的发展状况、影响因素、对策、营销管理做了系统而全面地研究。再结合当前国内和国际社会发展的大环境，可以从八个方面对广西旅游节事活动未来发展的趋势做一尝试性预测。从中可以找出广西旅游节事活动发展的机会点与可能遇到的挑战，以帮助相关活动的参与方可以更从容地应对未来的发展。

第一节 广西旅游节事活动的发展趋势

广西旅游节事活动在不断发展的过程中时刻面对着各种机遇，这些机遇对于每一项旅游节事活动来说，都是公平存在的，只有进行了充足准备的组织者才能够把握住机遇，引领旅游节事活动健康、有序、持续地向前发展。

随着我国旅游节事活动的不断发展，政府主导、市场化运作、社会参与的模式已经成为一种适合我国国情的旅游节事活动的管理运作模式，这种模式所产生的优越性可以产生综合效益。政府因此节省了大量的财政开支，同时，旅游节事活动举办地以及参与的厂商和商家的知名度得到很大程度的提升。如今，广西旅游节事活动向着国际化、市场化、个性化、产业化、多元化、大众化、集约化、规范化的趋势发展。近些年，广西旅游节事活动的组织者也在尝试邀请海外新闻媒体采访，同国际文化、艺术、商贸团体进行交流，并且组织一些国际性的节事活动，引进国外著名品牌或邀请国外厂家前来参展，借助现代传媒手段开展世界性宣传营销。在旅游节事活动举办期间，组织针对国外游客的主题活动，同国外相类似的旅游节事活动进行广泛的交流合作，使广西当地的旅游节事活动逐渐走向国际化。通过这些举措，广西旅游节事活动在国内外有了一定的影响力和知名度。当地政府也逐渐退出旅游节事活动的主导位置，旅游节事活动步入了一个自负盈亏、可持续发展的良性发展轨道。

随着广西旅游节事活动的不断向前发展，可能在未来很长一段时间中，广西旅游节事活动将呈现出以下八个方面的发展趋势，如图6-1所示。

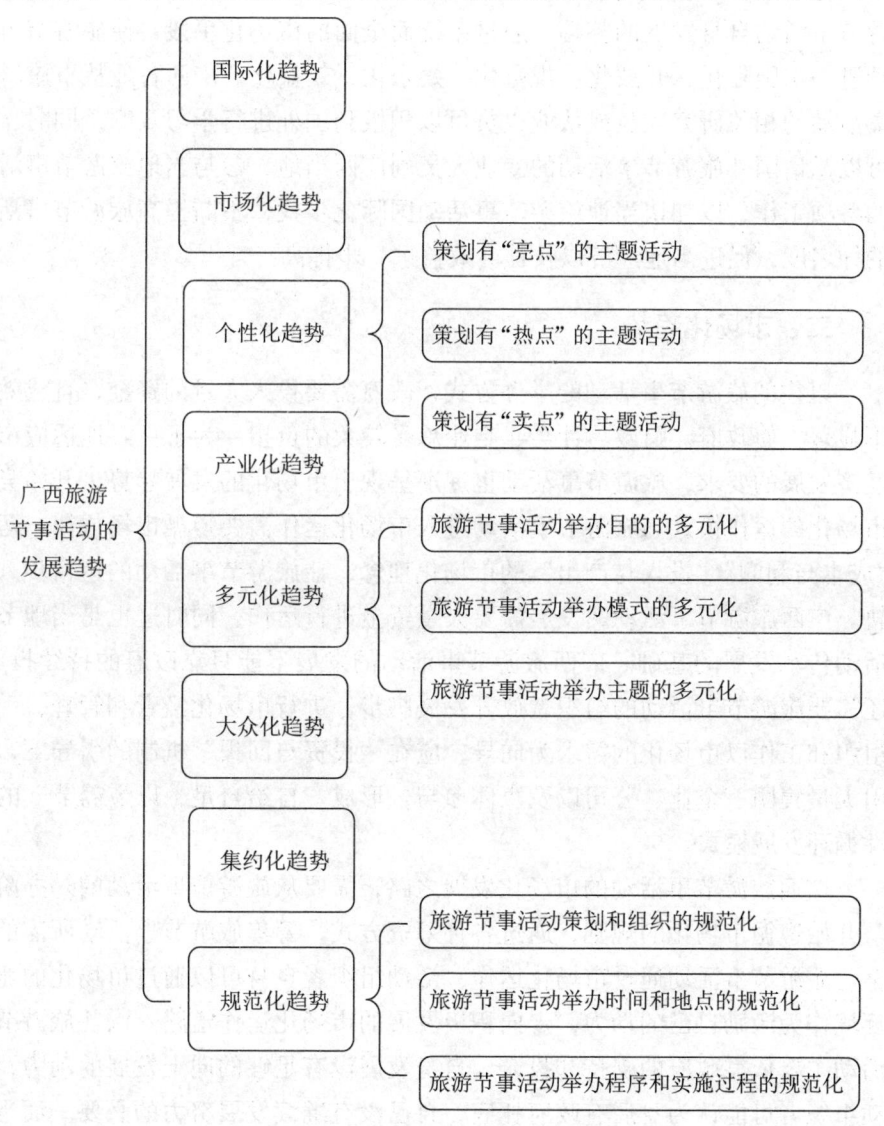

广西旅游节事活动的发展趋势：
- 国际化趋势
- 市场化趋势
- 个性化趋势
  - 策划有"亮点"的主题活动
  - 策划有"热点"的主题活动
  - 策划有"卖点"的主题活动
- 产业化趋势
- 多元化趋势
  - 旅游节事活动举办目的的多元化
  - 旅游节事活动举办模式的多元化
  - 旅游节事活动举办主题的多元化
- 大众化趋势
- 集约化趋势
- 规范化趋势
  - 旅游节事活动策划和组织的规范化
  - 旅游节事活动举办时间和地点的规范化
  - 旅游节事活动举办程序和实施过程的规范化

图6-1 广西旅游节事活动的发展趋势示意图

一、国际化趋势

国际化是广西旅游节事活动发展的必然趋势。旅游节事活动自身的开放性、广泛性、大众性，使活动本身蕴含了可以走出国门、走向世界的内在条件以及外在要求，同时，广西旅游节事活动也向着国际化的趋势不断向前发展。在旅游节事活动的运作方式上，广西各地也更注重对国际上先进的节事活动的举办理念进行研究，同时，学习其成功经验，规避其中不利于广西旅游节事活动自身发展的弊端，通过系统而全面的市场化手段，使旅游节事活动进一步国际化、开放化、规范化、娱乐化、效益化。广西各地从事旅游节事活动的相关研究人员或从业人员可以积极到国外进行学习观摩，同时，还可以邀请国外旅游节事活动的专业人员到广西当地，参与当地旅游节事活动的各项工作，以加快当地旅游节事活动国际化步伐，不断提高旅游节事活动的知名度，促进当地经济以及社会效益进一步提高。

二、市场化趋势

以往的旅游节事活动的举办方式，政府需要投入大量的资金，且成效并不显著，使政府、财政、社会、企业承受较大的负担。为了更好地适应市场经济发展的要求，旅游节事活动也逐渐呈现出市场化的发展趋势，开始尝试市场化的运作模式。旅游节事活动进入市场化运作需要遵循市场规律，运用"成本与利润""投入与产出"的市场化理念，让旅游节事活动的运营步入正轨。广西旅游节事活动的发展需要大量资金进行运作，同时这也是当地节事活动传承发展的基础。广西旅游节事活动的发展不能只靠政府的持续投放，还需要旅游节事活动的组织者放开发展脚步，进行市场化经营和管理，一切组织和工作以市场化的需求为向导，应在"投资与回报"机制的引导下，吸引大量集团、企业、公司以及媒体参与，形成"自给自足，以节养节"的良性循环发展模式。

广西旅游节事活动的市场化发展之路，需要从旅游节事活动的筹办阶段就开始遵循市场化的规则，通过各种筹资方式，筹集旅游节事活动所需的资金。旅游节事活动通过市场化运作，活动组织者自身可以通过市场化的竞争环境作为激励自己的动力，走向积极发展的市场化运作道路。以往旅游节事活动主要依靠政府的支持和投入，自身发展没有足够的向上发展的动力，活动组织者可能认为身后有政府托底，自己没有继续发展努力的必要。而当广西旅游节事活动一旦完全置于市场化的大环境中，活动的组织者需要考虑许多生存和发展的重要问题,也会将全部的精力和时间投入其中,危机感会促使组织者组织、管理、统筹、协调等各方面能力的提升,同时要不断地学习国内外先进的活动组织和管理的相关理念及经验。

在广西旅游节事活动持续进行市场化的过程中,也是其发展过程中的最佳机遇。各个活动的组织者在不断完善自身市场化流程和提升能力的过程中,需要时刻调整发展战略和前进方向。若旅游节事活动的组织者的眼光更为长远,考虑相关问题更为全面,就有可能在市场化发展的大趋势中抢占先机,走出一条属于自己的市场化发展的道路。

三、个性化趋势

如今,不管在城市还是在乡村,旅游节事活动逐渐成为旅游产业发展的重要内容,同时,也出现了更多不同规模的旅游节事活动。但从旅游节事活动的整体出发来看旅游节事市场的发展,可以发现虽然活动举办的数量较以前有明显的增多,但旅游节事活动的个性化特征还有待于进一步提高,大多数旅游节事活动的主题雷同情况较多。

旅游节事活动的良性发展主要就是依靠其独特的主题,以活动的个性化来吸引游客前往,而旅游节事活动的文化属性是个性化发展的关键影响因素。广西旅游节事活动想要充分彰显其个性化,需要在每次举办时都要体现出其独特的创新点,让游客每次前往欣赏时都可以获得不同凡响的体验和感受,要做到这一点,活动的组织者可以从以下三个方面来具体落实。

第一,活动组织者可以通过策划有"亮点"的主题活动,来最大限度地吸引游客和大众的关注,因为较高的关注度是旅游节事活动可以持续发展的生命线。

第二,活动组织者可以通过策划有"热点"的主题活动,让旅游节事活动成为社会热点,从而成为商业活动的焦点。活动的组织者除了随时关注旅游市场的相关资讯外,还要及时关注社会上发生的一些热点新闻,甚至是国内外的头条资讯,在进行旅游节事活动营销时,可以借助这些"热点"话题,增强营销活动的关注度。但活动的组织者需要注意的是,对于"热点"话题的使用不可生硬搬用,而应当筛选适合自身旅游节事活动发展的"热点"话题,合理地将其融合进营销方案中。

第三,活动组织者可以通过策划有"卖点"的主题活动,增强商务运作的能力。具有"卖点"的主题活动可以带动活动组织者将各方面的工作围绕"卖点"的主题进行组织和统筹,在进行商务运作时,也有了强有力的宣传推广凭借。广西旅游节事活动有了明确的工作重心，组织活动的工作人员就有了明确的工作导向。活动的组织者在对外宣传时，也会有充足的营销信心。从以上几点出发，旅游节事活动所创造的积极效果也会更显著。

四、产业化趋势

随着广西旅游节事活动的持续发展，活动的经济属性逐渐加强，节事活动也呈现出明显的产业化趋势。节事活动的产业化趋势要求节事活动的组织者围绕节事活动开展一系列的工作，如项目策划、筹资集资、广告宣传、活动场地的布置、其他活动物资的制作、舞台的搭建、纪念品或礼品的制作等环节，可以通过招投标和合同契约的方式进行有序竞争，并逐步形成新兴的节事产业，旅游节事活动的产业化可以有效地促进营销活动的深入和发展。

旅游节事活动的产业化可以分为近期任务和远期目标两步进行。

近期任务可以实行市场化的运作形式，活动的组织者可以继续选择政府调控和市场运作的节事活动形式。但政府应当减少行政干预的程度，同时，应当有意识地扩大社会各界的参与度和参与规模，使旅游节事活动逐步脱离政府主导。

远期目标应当将旅游节事活动的产业化列入当地社会和经济发展的长期规划中，当地可以根据相关的政策法规，组建旅游节事活动产业集团或产业公司，确立法人地位，明确旅游节事活动的产权关系，节事产业的主体可以通过市场运作方式完成旅游节事活动。

五、多元化趋势

（一）旅游节事活动举办目的的多元化

旅游节事活动举办的目的可以是多元化、多层次的。通过旅游节事活动的举办，可以促进当地经济的繁荣，激发文化的传承和发展，丰富人们的生活。旅游节事活动的举办目的可以看作是企业文化或企业的社会价值。广西旅游节事活动若明确了举办活动的目的，内部便会形成一股凝聚力，对外工作也会产生相应的动力，从精神和思想上促进旅游节事活动的持续发展。

（二）旅游节事活动举办模式的多元化

旅游节事活动举办的模式有以下几种：结合科技办节、开放办节、参与各方结合办节、上下联动办节、小型分散办节等。例如，四川自贡灯会采用"开放办节"的方式，不仅在本地办得有声有色，还先后在北京、上海、广州、武汉、香港、澳门、台湾等地举办68次展出，另外，四川自贡灯会还走出国门，到新加坡、马来西亚、泰国等十多个国家进行展出，将灯会的多彩文化传播到世界各地，不仅大大提高了自贡本市的知名度，当地也收到了丰厚的经济效益。广西旅游节事活动同样也可以借鉴这种开放式的办节模式，活动的组织者应当具有长远的发展眼光和全球视野，对自己所举办的旅游节事活动充满自信，确定一个较为宏大且有实际意义的目标，并为这一目标制定短期和长期的发展规划，引领旅游节事活动向着更高的目标努力。

（三）旅游节事活动举办主题的多元化

广西旅游节事活动可以确定多元化主题，与自身的发展进行深度融合，活动的组织者可以尝试与其他各种节事活动相结合，例如，与论坛、各种形式的研讨会、经贸洽谈会、文艺晚会结合等。在与其他节事活动进行融合的过程中，活动的组织者可能还会发现一些新的融合方式。活动的组织者也可以一边举办旅游节事活动，一边思考如何让旅游节事活动变得不同凡响，一旦有新奇的想法，活动的组织者就可以进行大胆尝试。

六、大众化趋势

广西旅游节事活动的魅力不在于组织多少场活动，而在于究竟有多少游客前来亲自感受旅游节事活动的人文氛围。旅游节事活动的现场氛围对于活动的举办尤为重要，越有人气的旅游节事活动，游客就会越络绎不绝。游客除了在旅游节事活动中可以享受到历史、人文、地理风貌等诸多方面的活动内涵，也可以体验到旅游节事活动整体呈现的气氛。旅游节事活动在保证自身独特性的同时，还应具有一定的大众化元素。毕竟旅游节事活动主要的营利基础在于大众对旅游节事活动的认可。广西旅游节事活动要以大众化的举办形式，以民族化、区域化、人文化的实质来吸引更广泛的群众。在广西旅游节事活动的筹办前期，活动组织者可以充分征求社会大众的意见，以丰富旅游节事活动的内容和形式，而这些工作也会进一步丰富旅游节事活动的策划方案，对后期活动组织者的管理、协调、统筹等工作带来更多的可能性。

七、集约化趋势

广西旅游节事活动在举办的过程中开始逐渐呈现出集约化的发展趋势。

从整体上来看，广西诸多地区的旅游节事活动较为分散，规模也较小，可以通过"捆绑"举办和营销的方式来扩大各个分散的小型旅游节事活动的规模，实行旅游节事活动集约化的经营。例如，广西民歌节在国内已经有了一定的影响力，活动的组织者可以将这一成功经验进一步延伸，形成一个广西民歌节的产业链，也可以将这一节事活动同广西当地其他文化、经贸活动进行广泛结合，以推动自身以及其他业态的共同发展。各个业态之间进行广泛融合和优势互补，各方可以借助集约化的发展优势，综合发展，不断推进旅游节事活动发展新的可能性。

八、规范化趋势

广西旅游节事活动必须在动态的发展过程中，逐步实现自身发展的规范性，通过规范性带动旅游节事活动的专业化，并且进一步实现标准化，以为日后旅游节事活动的规模化发展提前做好铺垫工作。这也是一个大型旅游节事活动获得较大发展、取得更大经济效益的必要前提。旅游节事活动的规范化可以从以下三个方面来着手实施：

（一）旅游节事活动策划和组织的规范化

经过一段时间的实践和发展，广西旅游节事活动策划和组织工作都积累了一定的经验，在这一过程中，也出现了一些挑战和机遇。组织者可以从中总结一些成功且行之有效的做法，并将其规范化，将旅游节事活动的成功经验进行传递。活动的策划流程和组织方式在长期的活动举办过程中可以逐渐形成一套成熟的流程，将其进行系统提炼，制定出一套较为完善的框架结构，另外，可以补充一些具体工作中常见问题的解决方案。这些解决方案同样可以进行规范化的提炼。

（二）旅游节事活动举办时间和地点的规范化

如果一个旅游节事活动已经成功举办了多年，应当积累了一定的经验，其旅游节事活动的举办时间和地点已基本固定，这时，活动的组织者则可以将其做进一步规范化整合。组织者可以确定下活动的举办时间和地点，一方面是为内部提供一个稳定的工作流程和周期，另一方面是为游客提供一个稳定的旅行预期，活动时间和地点长期确定下来，可以进一步巩固部分客源。

但若一个旅游节事活动刚开始举办，活动的组织者没有多少办会和组织经验可以借鉴，则可以先培养规范化的运作意识，有意识地收集活动举办和组织的相关数据，以便为后期进行实际意义上的规范化做好铺垫。

（三）旅游节事活动举办程序和实施过程的规范化

旅游节事活动举办程序和实施过程的规范化同样也要区分旅游节事活动组织者是否有相关承办活动的经验。

对于有了一些承办旅游节事活动经验的组织者来说，可以从现有的成功经验中提取关键的信息和解决方法，将其规范化。而对于没有过多承办旅游节事活动经验的组织者来说，应当侧重从承办旅游节事活动的前期就开始收集相关的数据和信息。

对旅游节事活动进行规范化后，对已形成的规范化的内容并非不能更改，而是可以根据旅游节事活动举办和发展的实际情况做随时性的调整，但每一次调整都要有一定的合理化缘由。活动的组织者具有规范化的意识尤其重要，以此为基础，可以逐步推进旅游节事活动不断向前发展。

第二节　广西旅游节事活动的发展机遇

一、国际节事活动的发展大环境

国际节事活动发展的大环境可以从四个方面进行详细阐述，如图 6-2 所示。

国际节事活动的发展大环境
- 国际节事活动日益得到重视
- 国际节事活动将更具综合性和多样化
- 国际节事活动将更具品牌化和专业化
- 国际节事活动宣传力度将更为加强

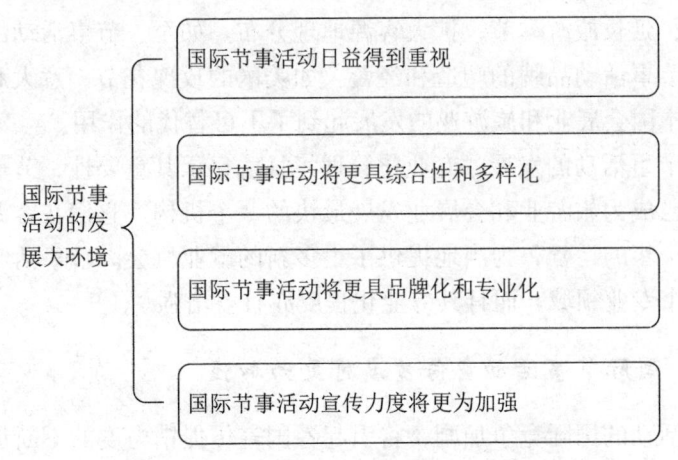

图 6-2　国际节事活动发展的大环境示意图

（一）国际节事活动日益得到重视

从全球范围来看，各个国家对旅游节事活动的重视程度正在不断提高。有相关专业人士认为，传统的观光旅游在旅游市场上的占比正在逐渐降低，取而代之的是专项旅游、家庭小团体旅游、散客旅游。现在游客们的旅游消费倾向于专项旅游，或者说是旅游节事活动。

一些重大的专项节事活动产品受到大小型旅游批发商们的普遍重视，有些大型旅游批发商为节事活动开设了专职部门。

（二）国际节事活动将更具综合性和多样化

发展节事活动很重要的一点就是挖掘当地的民族文化，因为体验异国他乡的民情风俗是促使旅游者出游的主要动机。民俗风情作为一个民族或一个地区的生活方式，在节日喜庆中能充分体现原汁原味的真实感和人情味，而使旅游者得到直接和充分的体验。在节事活动中把服饰表演、饮食品尝、游艺竞技、民间工艺等活动有机地结合起来，一方面可以丰富节事活动的内容，另一方面还可以促进当地旅游资源的综合开发，既激活某些公共设施、商店、市场等静态吸引物，又吸引投资、经济开发及基础设施改造，做到充分利用现有一切资源，取得最大经济效益、社会效益和环境效益。

（三）国际节事活动将更具品牌化和专业化

节事活动品牌在会展业和旅游业中扮演了十分重要的角色，它本身就是一种会展和旅游的吸引物，能提高会展和旅游目的地的知名度，丰富会展和旅游产品，延长旅游季节，扩大客源地理分布。如今，节事活动的主办者越来越重视节事活动品牌的塑造和经营。如美国的玫瑰花节、意大利的狂欢节品牌都对本国会展业和旅游业的发展起到了不可替代的作用。

随着节事活动的发展，专业化管理将日益显示其重要性，节事活动的专职管理部已成为旅游业和会展业发展最快的一个机构。它们在客源地设立办事处进行全年的运营，为当地提供了很多新的就业机会。节事活动管理不仅形成了一个专业领域，而且其专业化程度亦日益增强。

（四）国际节事活动宣传力度将更为加强

节事活动的国际竞争加剧，将引起各国宣传促销力度的不断加强。世界著名的西班牙"奔牛节"在举办之前，政府会印制大量的日程表和节目单，便于国内和国际游客挑选自己喜爱的活动项目；日本交通公社等大型旅行会社提前5年将国内的节庆计划公布于众。做好超前的宣传促销是著名节事活动获得成功的基础。从节事活动宣传的发展趋势来看，更多的国家将会像一些发达国家一样采取全方位出击的策略，花大力气建立覆盖面比较广的驻外旅游机构，为宣传提供组织保证，如美国有遍及80多个国家和地区的180多个驻外旅游机构，德国有39家驻外旅游机构。许多国家除了印制精美的各类宣传品外，还派促销团到各客源国进行宣传。

二、中国—东盟自由贸易区带来新机遇、新动力

在经济全球化的过程中，区域经济合作的范围和内容也越来越广泛深入。广西是中国—东盟区域经济中的重要参与者。

随着每年一次的中国—东盟博览会在广西首府南宁举办，中国—东盟自由贸易区在2021年建立，地处祖国南疆的广西由边陲和交通末梢变成与国内外交往的重要信道和枢纽，广西的区位优势也从"西南出海大通道"到"中国—东盟"合作的经济走廊，形成一个拥有19亿消费者、近六万亿美元国内生产总值的经济区，在一定程度上扩展了我国与东盟各国旅游业的发展空间。

旅游业是广西正在全力培育和打造的支柱产业和形象产业，中国—东盟博览会的举办将加快实现广西成为中国连接东南亚的旅游枢纽，成为吸引国内外游客的主要目的地，成为东南亚和中国旅游的集散中心。因此，发展广西旅游有着重大的意义。一是满足经济发展带来的公民旅游与休闲日益增长的需求，以改善广西人民的生活质量和自我发展能力；二是促进广西和东盟各国之间的联系与交流；三是进一步深化广西与东盟各国之间的经贸合作关系，为各国增加许多就业和商业机会，促进了广西经济的发展。

参考文献

[1] 许忠伟. 节事活动与旅游研究 [M]. 北京：旅游教育出版社，2019.

[2] 马聪玲. 中国节事旅游研究：理论分析与案例解读 [M]. 北京：中国旅游出版社，2009.

[3] 吴必虎，党宁. 会展节事与城市旅游国际旅游学会第二届双年会论文集 [M]. 北京：中国旅游出版社，2009.

[4] 潘文焰. 节事资源与旅游产业的创意融合 [M]. 上海：复旦大学出版社，2019.

[5] 李慧，李博. 节事营销战略与全域旅游发展 [M]. 天津：天津科学技术出版社，2019.

[6] 赵一静. 夜间节事及其旅游价值实现 [M]. 北京：中国旅游出版社，2019.

[7] 蒋昕. 节事活动运营管理 [M]. 武汉：华中科学技术大学出版社，2021.

[8] 戴光全，张骁鸣. 节事旅游概论 [M]. 北京：中国人民大学出版社，2011.

[9] 北京大学旅游研究与规划中心. 旅游规划与设计：节事·城市·旅游 [M]. 北京：中国建筑工业出版社，2011.

[10] 江金波，舒伯阳. 旅游策划原理与实务 [M]. 重庆：重庆大学出版社，2018.

[11] 卢晓. 节事活动策划与管理.4 版 [M]. 上海：上海人民出版社，2016.

[12] 刘嘉龙. 节事与活动策划 [M]. 上海：上海交通大学出版社，2013.

[13] 戴光全. 节庆、节事及事件旅游：理论·案例·策划 [M]. 北京：科学出版社，2005.

[14] 许欣，万红珍. 会展旅游 [M]. 重庆：重庆大学出版社，2015.

[15] 王华灵. 中国节事旅游营销管理现状分析与对策研究 [J]. 商展经济，2021(23)：4-6.

[16] 罗泽润，窦沛琳. 乡村旅游节事活动发展现状及对策研究：以上海金山嘴渔

村为例[J]. 农村经济与科技, 2021, 32（14）: 83-87.

[17] 林琼芬. 浅谈节事活动对城市品牌提升[J]. 江西电力职业技术学院学报, 2020, 33（11）: 158-159, 162.

[18] 钱学礼.《旅游节事活动策划》课程教学改革的探讨[J]. 农村经济与科技, 2019, 30（15）: 319-320.

[19] 朱娜. 体验视角下河南节事旅游营销研究[J]. 山西农经, 2018（21）: 34-35.

[20] 李慧, 王春峰, 李博, 等. 我国省际体育文化旅游节事资源支撑能力评价[J]. 统计与决策, 2018, 34（15）: 111-116.

[21] 龙祖坤, 李绪茂. 地方经济发展视角下的旅游节事效率评价研究: 以南岳"寿文化节"为例[J]. 武汉商学院学报, 2017, 31（3）: 14-19.

[22] 佘高波, 李强. 旅游节事筛选评价方法的探讨: 以1999—2015年张家界旅游节事为例[J]. 湖南工业大学学报, 2017, 31（2）: 72-77.

[23] 秦艳萍, 黄慧兰. 旅游节事与地方旅游互动发展研究: 以广西横县茉莉花节为例[J]. 市场论坛, 2016（8）: 79-82.

[24] 王红. 旅游节事社区参与中的政府角色优化研究: 以海南欢乐节为例[J]. 中国市场, 2016（30）: 196-197.

[25] 陈雪. 文化类旅游节事活动开发探析: 以河南省固始县根亲文化节为例[J]. 旅游纵览（下半月）, 2016（10）: 131-132.

[26] 祝晔, 赵志霞. 体验经济视角下泰州节事旅游发展探讨[J]. 经贸实践, 2015（13）: 36-37.

[27] 李芳. 河北省红色旅游节事发展研究[J]. 合作经济与科技, 2014（24）: 28-30.

[28] 程德年, 周永博, 朱梅, 等. 节事旅游活动效应评价指标体系构建: 以苏州国际旅游节为例[J]. 旅游研究, 2014, 6（4）: 58-64.

[29] 李朝军, 郑焱. 旅游节事创新维度结构及其对游客行为意向的影响[J]. 商业研究, 2014（8）: 162-170.

[30] 胡平. 双向四轮驱动, 全面推进旅游节事发展[J]. 旅游学刊, 2013, 28（7）: 5-6.

[31] 王晓敏, 戴光全. 旅游节事的"全球地域化"[J]. 旅游学刊, 2013, 28（6）: 11-13.

[32] 张佑印, 胡巧娟, 顾静. 国际旅游节事中家庭游客的服务感知及行为态度研

究[J]. 软科学, 2012, 26（11）: 135-140.

[33] 席宇斌, 白秀峰, 冯磊, 等. 基于感知视角的旅游节事影响模糊综合评价: 以恭城桃花节为例[J]. 科技情报开发与经济, 2010, 20（16）: 146-148, 171.

[34] 唐艳艳. 民俗型旅游节事活动探讨: 以安徽省全椒县非物质文化遗产为例[J]. 资源开发与市场, 2009, 25（4）: 381-384.

[35] 宋振春, 陈方英. 两种类型旅游节事居民感知的比较研究: 对泰安泰山国际登山节和东岳庙会的问卷调查[J]. 旅游学刊, 2008（12）: 63-69.

[36] 黄伟钊, 许丹莉. 关于广东举办大型旅游节事活动布局决策的思考[J]. 桂林旅游高等专科学校学报, 2007（4）: 508-512.

[37] 吕莉. 我国旅游节事的策划与运作研究[J]. 商业研究, 2006（13）: 202-205.

[38] 邹积艺, 陈谨. 旅游节事项目管理模式初探[J]. 旅游科学, 2005（6）: 52-56, 71.

[39] 刘太萍, 殷敏. 中国节事旅游营销管理现状分析与对策研究[J]. 北京第二外国语学院学报, 2004（5）: 52-56.

[40] 周玲强, 冯晓虹. 旅游节事经济效益形成的机理分析[J]. 商业经济与管理, 2002（11）: 56-60.

[41] 李波. 基于城市品牌建设的大同旅游节事整合研究[J]. 山西师范大学学报（自然科学版）, 2013, 27（3）: 114-118.

[42] 俞娜. 旅游节事活动社区参与内容初探[J]. 旅游纵览（下半月）, 2013（16）: 310-311.

[43] 张云耀. 行为导向教学法驱动下的旅游管理应用类课程课堂实践初探: 以旅游节事活动策划一堂课为例[J]. 教育教学论坛, 2012（23）: 169-171.

[44] 周劲波, 王烨. 节事与事件旅游研究进展[J]. 柳州职业技术学院学报, 2012, 12（1）: 15-19, 24.

[45] 刘立峰, 王烨. 节事与事件旅游研究进展[J]. 旅游纵览（行业版）, 2011（12）: 62-63.

[46] 王凯波. 浅析旅游节事活动对城市发展的积极影响[J]. 现代经济信息, 2011（1）: 213-215.

[47] 陈麦池, 黄成林, 李常沪. 节事旅游文化资本开发与运作探讨[J]. 石家庄学院学报, 2010, 12（3）: 60-65.

[48] 刘凌辰. 文旅融合背景下华侨城文化旅游节事活动整合营销传播研究[D]. 昆

明：云南财经大学，2021.

[49] 孙乾瑶. 内蒙古旅游节事活动的时空分布特征及影响因素分析[D]. 呼和浩特：内蒙古师范大学，2019.

[50] 瞿雪松. "连云港之夏"旅游节发展研究[D]. 桂林：桂林理工大学，2019.

[51] 蒋梦萍. 湖南武陵山片区乡村旅游节事活动品牌营销策略研究[D]. 吉首：吉首大学，2018.

[52] 田八一. 重大旅游节事活动开发中的政府职能研究[D]. 青岛：青岛大学，2017.

[53] 刘博. 节庆旅游活动与区域营销研究[D]. 延吉：延边大学，2016.

[54] 陈姣艳. 厦门市凤凰花旅游节事研究[D]. 桂林：广西师范大学，2016.

[55] 赵良香. 基于居民感知的金塔胡杨旅游节对金塔旅游的影响研究[D]. 兰州：西北师范大学，2015.

[56] 俞娜. 旅游节事活动的社区参与研究[D]. 海口：海南大学，2014.

[57] 张欣. 景观规划视角下乡村节事旅游影响效用初探[D]. 北京：中国林业科学研究院，2012.

[58] 杨智. 怒江州"阔时节"节事旅游研究[D]. 昆明：云南大学，2011.

[59] 冯丽丽. 地质公园旅游节事策划研究[D]. 重庆：西南大学，2011.

[60] 程东东. 旅游节事与城市旅游发展的互动研究[D]. 开封：河南大学，2010.

[61] 魏飞. 乡村旅游节事的需求行为与导引机制研究[D]. 石家庄：河北师范大学，2010.

[62] 邹积艺. 旅游节事的文化解释及社区影响研究[D]. 成都：四川大学，2007.

[63] 郑辽吉. 丹东市地域文化与旅游开发研究[D]. 长春：东北师范大学，2005.